Renate Wienbreyer · Monika Seywald · Elisabeth Schinner · Judy Bauer

UNTERWEGS MIT KINDERN

Von Regensburg nach Ostbayern

Buchverlag der Mittelbayerischen Zeitung

Die Deutsche Bibliothek –
CIP-Einheitsaufnahme

Unterwegs mit Kindern :
von Regensburg nach Ostbayern /
Renate Wienbreyer … – Regensburg :
Mittelbayer. Dr.- und Verl.-Ges.,
1995
    ISBN 3-927529-14-1
NE: Wienbreyer, Renate

Renate Wienbreyer
Monika Seywald
Elisabeth Schinner
Judy Bauer
UNTERWEGS MIT KINDERN
Von Regensburg nach Ostbayern

© Mittelbayerische Druck-
und Verlags-Gesellschaft mbH
Regensburg 1995
Umschlag und Gestaltung:
Josef Mittlmeier
Gesamtherstellung:
Druckzentrum der Mittelbayerischen
Zeitung Regensburg

ISBN 3-927529-14-1

Vorwort

Mit Kindern unterwegs zu sein ist für Eltern und andere erwachsene Begleiter eine schöne, befriedigende, aber zuweilen auch anstrengende Angelegenheit.

Wir haben uns zusammengetan, um einen familiengerechten Ausflugs- und Freizeitführer zu schaffen, der bewußt auf das Auto verzichtet und statt dessen auf Entdeckungsfreude, Flexibilität und Kreativität setzt. Nicht nur der Umwelt, sondern auch uns selber und unseren Kindern zuliebe wollten wir herausfinden, welche Ausflüge in die nähere Umgebung mit öffentlichen Verkehrsmitteln, Fahrrädern oder zu Fuß möglich sind.

Kinder wollen beschäftigt sein, sich auseinandersetzen mit interessanten Dingen, mit ganz Neuem. Ihre Phantasie fordert ständig Nahrung. Dabei wollen sie sich auch austoben, körperlich und gedanklich ausgelastet sein. Wartezeiten und „Durststrecken" verlangen von den Begleitern nicht selten ein gehöriges Maß an Einfallsreichtum: „Kannst Du mal 'ne Geschichte erzählen? Wer hat hier früher gewohnt? Was könnten wir denn spielen?" Zu einem gelungenen Ausflug gehört demnach mehr als die reine Kenntnis des Weges! Mit unseren Tourenvorschlägen wollen wir diese Verbindung schaffen.

Wir bieten ausgearbeitete, mit Kindern verschiedener Altersstufen erprobte Familien- bzw. Gruppentouren an. Beispielhaft, gewissermaßen als Denkanstoß, schlagen wir jeweils passende Spiele, Geschichten, Lieder und Hintergrundinformationen zur Ausgestaltung des Ausfluges vor.

Leider sind wir heute alle so an Dienstleistung gewöhnt, daß wir die Mühe, selbst Informationen einzuholen, scheuen. Wer wälzt schon gerne dicke Fahrpläne, wenn draußen fahrbereit ein Auto steht?

Der Ausflugsführer soll dem Benützer die Planungsarbeit so weit wie möglich abnehmen und gleichzeitig Lust auf ein „anderes Reisen" machen, auf Muße unterwegs, im Gegensatz zum hektischen Abhaken von Attraktionen. Daß sich Fahrpläne von Zeit zu Zeit ändern, haben wir wissentlich in Kauf genommen; uns ging es darum, die grundsätzliche Machbarkeit und den möglichen Zeitrahmen vorzustellen. Eine Gewähr für die Richtigkeit aller Angaben können wir deshalb nicht übernehmen. Mit einem kurzen Anruf beim RVV oder der Bahn läßt sich die Aktualität der Abfahrtszeiten auf dem beiliegenden Faltblatt aber schnell überprüfen.

Schon unsere ersten Touren waren ein Erfolg. Die Anfahrt mit öffentlichen Verkehrsmitteln macht den Kindern viel Spaß, denn so wird der Weg schon zum halben Ziel. Es bieten sich mehr Möglichkeiten zur Unterhaltung und der Bewegungsdrang der Kinder wird nicht radikal eingeschränkt. Wir haben es besonders genossen, gemeinsam mit Freunden zu planen, denn die lockere Atmosphäre in der Gruppe kam den Großen und Kleinen zugute. Natürlich gab es kleinere Katastrophen: ein verpaßter Zug, eine verregnete Wanderung. Aber merkwürdigerweise machten gerade diese Ausflüge auf die Kinder den größten Eindruck, weil etwas „schief" ging: „Gell, das war der Ausflug, bei dem wir unsere Strümpfe unter dem Handföhn im Klo trocknen mußten ...!" Natur wieder hautnah zu erleben, nicht nur als abrufbaren Sonnenschein, macht lebendig und reißt uns aus dem Gefühl, alles kontrollieren zu können.

Für uns Eltern war jeder gelungene Ausflug ein Riesenspaß und nicht zuletzt eine Befriedigung: Einmal weniger haben wir selber zu den schlechten Umweltbedingungen beigetragen, die wir für unsere Kinder immer beklagen.

Vielleicht wird es nach solch positiven Erfahrungen auch im Alltag wieder selbstverständlicher, öffentliche Verkehrsmittel, Fahrräder und die eigenen Füße zu benutzen.

Wir danken allen, die uns mit Rat und Tat unterstützt haben und wünschen viel Spaß bei den Ausflügen ...

Renate Wienbreyer
Monika Seywald
Elisabeth Schinner
Judy Bauer

Inhaltsverzeichnis

**UND UM
REGENSBURG HERUM**

Der Flügelflagel gaustert ...

des Nachts am See im Donaupark

Mit zu den eindrucksvollsten Erlebnissen der Kindheit gehören die Streifzüge durch die Dämmerung und durch die Dunkelheit der Nacht. Nacht ist für Kinder faszinierend: Wir bestaunen den unendlichen Sternenhimmel, die geheimnisvollen unbekannten Geräusche lassen uns aufmerksamer und aufgeschlossener jene Sinne entdecken, die tags in uns schlummern. Wir tauchen ein in eine andere Welt, in der wir uns plötzlich nicht mehr auf unsere Augen verlassen können, sondern uns durch Hören, Tasten und Riechen orientieren. Die Nacht erfordert eine sensible Aufnahmebereitschaft, eröffnet uns neue Wege, Natur zu entdecken, auf uns wirken zu lassen und zu erleben. Gerade zu diesen Möglichkeiten der Wahrnehmung möchten wir mit unserem Nachtspaziergang anregen.
Die Dunkelheit mit ihren vielen unbekannten Geräuschen kann aber auch Empfindungen der Unsicherheit und Angst hervorrufen. Menschen wurden von ihr schon immer zu besonderen Phantasien beflügelt, zu Erzählungen über Geister und Fabelwesen. Mit der Nachtwanderung haben wir die Möglichkeit, solchen Ängsten der Kinder, die auch im Alltag immer wieder auftauchen, zu begegnen und sie ein Stück zu bewältigen.

BUND-Jugend: Tips zur Saison

Der Flügelflagel gaustert
durchs Wiruwaruwolz,
die rote Fingur plaustert
und grausig gutzt der Golz.

Christian Morgenstern

9

Beim Flattern machen die Schwingen der Fledermäuse eine Drehbewegung, die Flügelspitzen beschreiben eine Schraubenlinie. Gesteuert wird hauptsächlich mit den Flügeln. Durch plötzliches Drehen oder teilweises Einziehen der Flügel kann die Fledermaus unerwartet enge Kurven fliegen. Nähert sich die Fledermaus beim Jagen einem Gegenstand, dann stößt sie ungefähr 200 Schreie in der Sekunde aus und empfängt durch diese kurze Wellenlänge der Signale ein sehr genaues Echo. Die Lautsignale, die für uns Menschen nicht wahrnehmbar sind, prallen gegen die Beute (fliegende Insekten), so daß die Fledermaus die Art des wahrgenommenen Gegenstandes erkennen kann. Eine Fledermaus weiß selbst in völliger Dunkelheit einen Mauerriß oder einen Nagel als Halt für eine Landung zu finden.

Den Nachtspaziergang rund um den Baggersee am Westbad haben wir gewählt, weil unsere Kinder diese Strecke von sonntäglichen Spaziergängen her gut kannten. So ist das Gelände vertraut und die Kinder kennen wichtige Orientierungspunkte. Zudem ist dieser schöne Rundweg mit Bus und Rad gut zu erreichen. Als eines der wichtigsten Biotope in Regensburg bietet der See eine für städtische Verhältnisse besondere Naturerfahrung. Siebzig verschiedene Vogelarten, davon auch vierzehn bedrohte, konnten 1994 dort gesichtet werden, beispielsweise Nachtigallen und Haubentaucher. Neuen Lebensraum bietet das Gelände rund um den Baggersee auch für unterschiedliche Fledermausarten.

Als wir uns am östlichen Zugang zum See unterhalb des Westbades treffen, ist es noch taghell. Die Kinder, völlig aufgedreht durch das Zusammentreffen mit Freunden, schreiten sofort zur Tat. Der nah am Weg gelegene Kletterbaum nimmt alle johlenden Abenteurer auf. Wir lassen die Kinder erst mal toben und merken schon jetzt zu Beginn unserer Tour, daß eine ruhige Form der Naturerfahrung, die von den Kindern auch eine konzentrierte Wahrnehmung verlangt, mit einer so großen Gruppe (8 Erwachsene und 9 Kinder) wohl nur bedingt möglich sein wird. Langsam gehen wir in die Dämmerung hinein, intensive Abendgesänge der Vögel, tanzende Mückenschwärme und hoch jagende *Fledermäuse* begleiten uns.

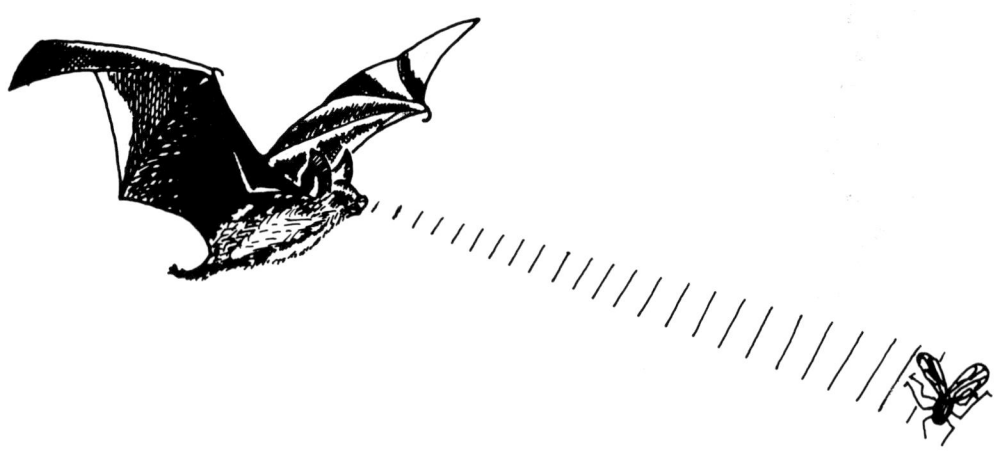

Wir erkennen sie trotz der Höhe an dem unregelmäßigen Flattern und den abrupten Richtungswechseln, sie fliegen wie ein „besoffener Vogel". Die Kinder entdecken Vogelnester oben im Baum und finden als große Sensation eine tote Möwe. Sofort wird eine mitleidsvolle Debatte darüber angestrengt, was wohl die Todesursache sein könne: „Der Vogel ist da oben bestimmt so vor sich hingeflogen und hat an nichts Böses gedacht, da ist ihm plötzlich eingefallen, daß er alt geworden ist, und da hat er sich so erschrocken, daß er tot runtergefallen ist."

Unser Weg führt uns entlang der „verbotenen" Uferflächen. Hier wurde eine Ruhezone für brütende Vögel geschaffen, die keinesfalls betreten werden darf. Schon eine einmalige kurze Störung kann dazu führen, daß ein Gelege aufgegeben wird.

Jetzt in der Dämmerung jagen die Fledermäuse immer tiefer. Wir machen unsere erste kleine Picknickpause und nehmen die Dämmerung zum Anlaß, mit den Kindern über das Nachtleben der Tiere zu reden. Nacht ist für viele heimische Tiere Zeit der Erholung im Schlaf. Auch wir Menschen gehören zu den tagaktiven Tieren, die abends müde und morgens munter werden. Es gibt aber auch viele Tiere, die nachts erst wach werden. Wenn die Sonne untergeht, sind die Vögel die lautesten Aktivisten. Mit zunehmender Dunkelheit werden sie ruhiger, da sich nach und nach die einzelnen Arten zur Ruhe begeben. Als letzte verstummen die Amseln und kurz darauf die Singdrosseln. Aber dann ist es nicht etwa still – jedenfalls natürlicherweise nicht. Denn unter den Vögeln gibt es auch Nachttiere, zum Beispiel die Nachtigall oder den Sumpfrohrsänger, die fast die ganze Nacht keine Ruhe geben. Das Grüne Heupferd, eine große Heuschrecke, ist als nächtlicher Sänger weit verbreitet. An warmen Sommertagen „singt" es von Mittag bis Mitternacht.

Die Kinder bekommen den Auftrag, Geräusche zu sammeln. Ganz leise, teilweise sogar auf Zehenspitzen schleichen sie durch die Dämmerung und kommen stolz mit ihren „Hörerlebnissen" wieder, auch wenn es nur „irgend a Vogel" war. Mittlerweile sinken die Fledermäuse immer tiefer und jagen ohne Scheu direkt über den Köpfen der Kinder, die sich von den harmlosen Tiefflegern nicht erschrecken lassen, denn niemals würde eine Fledermaus ihren Kopf berühren, es sei denn, ihre Ohren wären verstopft.

Am anderen Ende des Sees angekommen wird es langsam dunkel, und die Kinder sind nicht mehr davon abzuhalten, die mitgebrachten Taschenlampen auszupacken. Da wir später wieder ohne Licht gehen wollen, machen wir hier auf der freien Fläche Taschenlampenspiele. Zum Glück wird es rund um den See nicht

Von gezähmten Fledermäusen wird berichtet, daß sie in fast völliger Dunkelheit aus 6 m Höhe herabflogen, um ein Insekt aus der Hand zu nehmen, ohne diese dabei zu berühren. Sie schafften es, durch einen elektrischen Ventilator mit 800 Umdrehungen pro Minute zu fliegen und sie können, ohne anzustoßen, in einem dunklen Raum fliegen, der kreuz und quer mit dünnen Drähten durchzogen ist.

stockfinster, denn wir Menschen sind an die Nacht ja nicht sonderlich gut angepaßt.

Am Tag warnen uns unsere Augen vor Gefahren. Wir sehen, im Vergleich zu vielen Tierarten, sehr gut. Geruch, Gehör und Tastsinn sind bei uns dagegen nur schwach entwickelt. Ganz anders ist dies bei den Tieren, die in der Nacht, im Dunkeln aktiv sind: Füchse, Dachse und Marder, Mäuse, Fledermäuse, Eulen und Käuze und auch unsere Hauskatzen sind an die Dunkelheit angepaßt. Manche Arten haben besonders große Augen, mit denen sie noch den schwächsten Lichtschimmer wahrnehmen können. Viele nächtlich lebende Säugetiere haben empfindliche Tasthaare: Jeder kennt den Schnurrbart der Katze. Eine Spitzmaus fühlt, ob ihre Tasthaare einen Regenwurm oder ein Stück Holz berühren, der Igel riecht aus einer Vielzahl von Düften den für ihn lebenswichtigen Geruch des Regenwurms heraus, die Eule hört das leise Rascheln einer Maus am Waldboden. An manchen Tagen können sogar wir die Dämmerung riechen, nämlich an schönen Tagen im Spätsommer, wenn es abends feuchter wird. Dann beginnt der Boden frisch zu riechen, ähnlich wie beim ersten Regen nach trockenen Tagen.

Große ansteigende Wiesenflächen an der Südseite des Sees bieten sich zum Spielen an. Hier sind wir weit genug von den Uferflächen entfernt, um eine Störung der Tiere zu vermeiden. Letzte Station ist für heute das kleine, auf einem Hügel gelegene Holzhäuschen, wo wir ein Picknick vor der Heimfahrt eingeplant

Mit bunter Zuckerschrift aus der Tube, erhältlich in jeder Backabteilung, werden kleine Schokoküsse bemalt. Der Phantasie sind keine Grenzen gesetzt: Schnell entstehen weinende, lachende oder schauerliche Geisterfratzen.

haben. Hier gibt es noch eine Überraschung: *Geisterköpfe!* Jedes Kind darf sich grausliche Grimassen aussuchen und genüßlich verzehren.

Spät ist es geworden, um 23 Uhr fahren wir mit den Rädern durch die feuchte Nachtluft heimwärts und treffen so manches Kaninchen mit dem Lichtkegel unserer Lampen. Müde sind wir und voll von den nächtlichen Eindrücken, nur der jüngste Teilnehmer fragt kurz vor der Haustür: „Und was machen wir jetzt?"

Kugelblitz

Ein Mitspieler läßt den Lichtkegel einer Taschenlampe über die Wiese tanzen, die Kinder laufen hinterher, versuchen schnelle Richtungswechsel mitzumachen. Wer den Kugelblitz als erster mit dem Fuß erwischt, hat gewonnen und darf den nächsten Blitz aussenden.

Die Kinder können den Kugelblitz auch mit dem Lichtkegel ihrer eigenen Taschenlampe verfolgen; dazu könnte die Kugelblitz-Lampe mit einem Filter aus rotem Papier ausgestattet werden.

SPIEL MAL!

Geisterfratzen

Die Kinder beleuchten von unten her das eigene Gesicht. Wird die Taschenlampe an das Kinn angelehnt, so ist eine schauerliche Grimasse kaum mehr nötig.

Fledermausspiel

Dieses Spiel veranschaulicht das Fangverhalten der Fledertiere, die mit Hilfe des Ultraschalls ihre Beute jagen.

Ein Teilnehmer spielt die Fledermaus, fünf bis sechs Teilnehmer verwandeln sich in Nachtfalter und spielen die Beute. Die restlichen Leute bilden einen Kreis von 3 – 5 m Durchmesser, der das Spielfeld begrenzt. Zwischen den einzelnen Personen des Kreises kann bis zu 2 m Platz sein. Die Fledermaus und die Nachtfalter kommen in die Mitte, und der Fledermaus werden die Augen verbunden. Nun versucht die Fledermaus, die Nachtfalter zu fangen. Jedesmal, wenn die Fledermaus „Fledermaus" ruft, antworten die Falter „Falter". Wenn die Falter den Ruf der Fledermaus hören, so hat sie der Ultraschall getroffen. Der Schrei prallt an ihnen ab und kehrt wieder zur Fledermaus zurück. Jetzt weiß die Fledermaus, wo eine leckere Beute fliegt, und die Verfolgungsjagd beginnt.

BUND-Jugend: Tips zur Saison

INFORMATIONEN

Erreichbarkeit

mit dem Fahrrad: auf dem Donauradweg ist der Donaupark am Westbad bequem und sicher zu erreichen

mit dem Bus: RVV-Linien 6 und 11 (Haltestelle Westbad)

Auskünfte:
Regensburger Verkehrsverbund (RVV), Tel. 09 41/7 97 56 75

Allgemeine Hinweise

Um nicht allzu lange auf den Einbruch der Dunkelheit warten zu müssen, wird empfohlen, die Nachtwanderung im Frühjahr oder im Herbst durchzuführen.

Bei der Gruppengröße ist zu berücksichtigen, daß die Nachtwanderung unter Naturschutz stehendes Gelände berührt und die dort angesiedelten Tierarten einen Anspruch auf ruhige und ungestörte Lebensräume haben.

Mit Volldampf voraus ...

auf dem Museumsschiff Ruthof

Mitten im Krieg, 1944, fuhr auf der ungarischen Donau ein Schiff mit dem Namen „Ersekcsanad". Seit Anfang des Jahres war es auch auf diesem Fluß gefährlich geworden, denn auf den unteren und mittleren Abschnitten wurden zunehmend Minen verlegt.
Das gefahrvolle Unternehmen des Raddampfers fand um 13 Uhr ein plötzliches Ende. Eine gewaltige Explosion zerriß das Schiff, das 20 Jahre lang seinen Dienst getan hatte. Es war auf eine Mine gefahren. Fünf Besatzungsmitglieder fanden bei diesem Unglück den Tod. Die „Ruthof" versank schwer beschädigt 6 m tief, und dort am Grunde der Donau blieb sie als Wrack 12 lange Jahre liegen. Heute schwimmt sie als technisches Spezialmuseum und als Schmuckstück der Stadt Regensburg wieder auf der Donau. In ihrem nach 70 Jahren wohlverdienten Ruhestand erscheint die „Ruthof" so gepflegt und herausgeputzt wie wohl nie zuvor in ihrer aktiven Zeit. Der Dank gebührt dem „Arbeitskreis Schifffahrtsmuseum Regensburg e. V.", der in mühevoller ehrenamtlicher Kleinarbeit den Schiffsveteran zum schwimmenden Museum umgestaltete.

Wir nähern uns der „Ruthof" vom gegenüberliegenden Donau-ufer. Der Blick ist unverstellt und wir beginnen schon hier mit unserem kleinen Quiz. Eifrig versuchen die Kinder, die roten Rauten der Schornsteine im sandigen Weg nachzumalen oder die Form mit Stöckchen nachzulegen. Nun sollen sie herausfin-den, womit die Matrosen an Deck gerufen werden. Da helfen die schärfsten Adleraugen nichts: wir müssen näher ran, um alle folgenden Fragen beantworten zu können. An Bord werden wir beim Kauf der Eintrittskarten mit Prospektmaterial für zu Hause beschenkt. Zusätzlich kann man ein Informationsblatt erhalten, das Auskunft über das Dampfschiff, über technische Einzelheiten sowie über historische Schiffstypen gibt. Auch Vordrucke für das Ausfüllen der Quizfragen sind an der Kasse erhältlich.

Wir wenden uns nach rechts, wo eine dampfbetriebene Anker-winde die Aufmerksamkeit auf sich zieht. Im Schiffsbauch befin-den sich verschiedene Ausstellungsräume mit Modellschiffen, Werkzeugen, Bücherausstellungen. Weiter geht es zu den Maschinenräumen: das Herzstück der Ausstellung ist die offen-gelegte Antriebstechnik. Der aufgesägte Dampfkessel, die riesi-gen Kolben, Pleuel und Wellen vermitteln auf ebenso eindrucksvolle wie technisch gut nachvollziehbare Weise den langen, mühsamen Weg, bis sich die großen roten Schaufelräder in Bewegung setzen. Ein Automat produziert dazu gegen ein Entgelt von 50 Pf die authentischen Schiffsgeräusche.

Der letzte Ausstellungsraum unter Deck befaßt sich mehr mit dem Alltagsleben auf dem Schiff. Gebrauchsgegenstände, Kleidung, Steuer, eine alte Helmtaucherausrüstung und nicht zuletzt eine Schiffskabine, eingerichtet wie in den 50er Jahren, lassen ein Leben auf dem Schiff anschaulich werden. Auf Deck befindet sich die Schiffsküche mit einem originellen Ofen, mit Töpfen und allem, was für den täglichen Bedarf an Bord wichtig war. Neugierig heben die Kinder den Deckel des Abflusses im Boden, durch den das Putzwasser einfach in den Strom floß.

Vorbei am Schaufelrad steigen wir über eine steile Treppe hinauf zur Schiffsbrücke mit Steuer, Ruderanlagen und Sprechrohr, das hinunter in den Maschinenraum führt. Mit einem letzten Blick auf das zweite imposante Schaufelrad beenden wir den Rundgang und die Kinder freuen sich, als sie am Ausgang für ihre Quizantworten einen Aufkleber geschenkt bekommen.

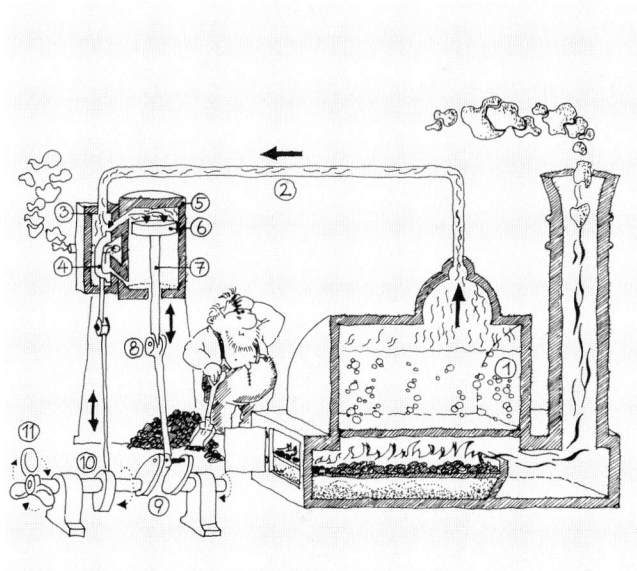

Wer eine Schiffsdampfmaschine in Betrieb setzen will, füllt den Dampfkessel ① zu zwei Dritteln mit Wasser und macht ein Feuer mit Kohlen darunter. Wenn das Wasser kocht, wird der Dampf durch ein Zuleitungsrohr ② in den Schieberkasten ③ geleitet. Durch das Herunterziehen und Heraufdrücken des Schiebers ④ strömt der Dampf abwechselnd von oben und unten in den Zylinder ⑤, damit der Dampf den Kolben ⑥ immer wieder herunter- und heraufdrückt. Vom Kolben wird die Kolbenstange ⑦ so auf- und abgestoßen, daß die Kurbelstange ⑧ die Kurbel ⑨ und die Welle ⑩ herumdreht.
Die Welle betreibt jetzt alles, was man will, zum Beispiel eine Schiffsschraube ⑪, wie Du sie hier auf dem gezeichneten Bild siehst.

H. Niewerth / P. Renz:
Käpt'n Henri kennt sich aus

SUCH MAL!

Das kleine RUTHOF-QUIZ

Quizfragen für 4 – 7jährige Kinder

1. Du suchst das Museumsschiff. Warum fällt Dir das Schiff schon von weitem auf?

   Hohe Schornsteine, viele bunte Fähnchen.

2. Du siehst einen hohen Schornstein. Ganz oben ist eine rote Form auf weißem Hintergrund. Kannst Du sie aufmalen?

3. Was braucht ein Schiff, wenn es im Wasser an Ort und Stelle liegen bleiben will? Du siehst dieses Teil ganz vorne am Bug des Schiffes.

   Einen Anker.

4. Wenn alle Matrosen an Deck, also oben auf das Schiff, kommen sollen, dann läutet eine Glocke. Wo ist sie untergebracht?

   Vorne am Bug.

5. Wenn Du zur Kommandobrücke (zum Steuerhaus) schaust, siehst Du rot-weiße Rettungsringe hängen. Wie viele sind es?

   4

6. Womit ist das Schiff an Land befestigt?

   Drahtseile.

7. Wenn Du von oben die Treppe hinunter in den „Schiffsbauch" gehst, siehst Du Bullaugen (runde Fenster). Wie viele Bullaugen kannst Du auf einer Seite zählen?

   8

8. Du siehst unten viele verschiedene nachgebaute Schiffe. Auch das Schiff, auf dem Du bist, ist dabei. Kannst Du es entdecken? Wie viele Rettungsboote hat das Schiff?

   2

9. Du gehst weiter und siehst die riesige Maschine im Schiff. Weiter hinten sind Menschen in einer Vitrine (Glasschaukasten) ausgestellt. Dort siehst Du auch den Chef des Schiffes. Wie nennt man ihn?

   Kapitän.

10. Unten im Schiff ist eine Schiffskajüte. Hier haben die Leute, die auf dem Schiff fuhren, geschlafen. Wie nennt man die Männer, die auf dem Schiff arbeiteten?

    Matrosen.

11. Womit wird auf der Kommandobrücke das Schiff gelenkt?

Mit dem Steuerrad.

12. Findest Du die Schiffsküche? Dort steht ein alter Ofen. Womit wird der Ofen geheizt?

Holz und Kohle.

SUCH MAL!

Das große RUTHOF-QUIZ

Quizfragen für Schulkinder

1. Welche Tempoeinheiten zeigt der Antworttelegraf im Maschinenraum?

VOLL VORAUS, HALB VORAUS, LANGSAM VORAUS, GANZ LANGSAM VORAUS, HALT, ACHTUNG, LANGSAM ZURÜCK, HALB ZURÜCK, VOLL ZURÜCK.

2. Welche Farben finden sich auf der Kapitänsmütze von 1930?

Weiß, Schwarz, Gold, Blau.

3. Was blieb von den Motorzugschiffen „Donau", „Ludwig v. Donle", „Mannheim" und „Stuttgart" übrig?

a) Ankerglocke
b) Preßluftsignalhorn
c) Megaphon (Flüstertüte)

4. Was ist ein sogenannter Tropfstein?

Eine Art Wasserfilter. Wenn Donauwasser durch ihn hindurchgelaufen war, konnte man es nach dem Abkochen genießen.

5. Wie wurde die Arbeitsstelle von Helmtauchern abgesichert?

Durch ein schwarzes Diagonalkreuz auf rotem Grund.

6. Welche Kessel hat die „Ruthof"?

2 Einender-Walzenkessel.

7. Womit wurden die Kessel gefeuert?

Mit Kohle oder Öl.

8. Welche Besatzungsmitglieder fanden den Tod?

Der Manipulant.
Die Köchin.
Drei Heizer.

9. Welche „Rolle" spielte der Dampfer bei seinem letzten Einsatz 1976?

Die Rolle des „Wolgadampfers" bei der Verfilmung der Fernsehserie „Michael Strogoff, der Kurier des Zaren".

19

10. Für wieviel Geld wurde der Dampfer von der ungarischen Reederei „Mahart" gekauft?

Für 50 000 DM.

11. Was ist ein Schopperplatz?

Ein Schiffsbauplatz. Der Schopper ist ein Schiffszimmermann.

12. Mit wieviel Pferden wurde ein Schiffszug die Donau hinaufgezogen?

Mit 14 Pferden.

13. Was transportierte ein solcher Schiffszug häufig?

Salz.

14. Zu seiner Mannschaft gehörte der sogenannte „Kuchlbube" und ein „Wässerer". Was gehörte zu ihren Aufgaben?

Der Kuchlbube besorgte dem Koch die Lebensmittel, der Wässerer sorgte für die Sauberkeit auf dem Schiff.

15. Welches Material wurde für den Schiffsbau im Donaugebiet nach der Schopperbauweise verwendet?

Tannen- und Fichtenholz.

INFORMATIONEN

Anschrift
Schiffahrtsmuseum Regensburg
Liegeplatz Werftstraße (Unterer Wöhrd)
Tel. 09 41/5 25 10

Eignung / Allgemeine Hinweise
Auf dem Schiff zu sein ist erfahrungsgemäß schon für Kinder im ersten Laufalter eindrucksvoll. Für Vorschul- und Schulkinder möchten wir jeweils ein Quiz zur Gestaltung des Besuches anbieten. So können die Kinder das Schiff und seine Vergangenheit weitgehend selber erforschen.

Erreichbarkeit
ab Fahrplanwechsel Mai 1995 mit den RVV-Linien 3, 8 und 9 (Haltestelle Eiserne Brücke)
bis Fahrplanwechsel mit der RVV-Linie 17 (Haltestelle Eiserne Brücke)
Auskünfte: Regensburger Verkehrsverbund (RVV), Tel. 09 41/7 97 56 75

Öffnungszeiten
April mit Oktober, täglich 10.00 – 17.00 Uhr.
Für Gruppen auch außerhalb der Öffnungszeiten nach Vereinbarung.

Spaghettibaum und Plätscherquelle ...

im Botanischen Garten der Universität Regensburg

Schon vor langer Zeit legten die Menschen Gärten an, nicht nur um sich an ihnen zu erfreuen, sondern auch um die Heilkraft ihrer Pflanzen zu nutzen. Wir wissen alle von den Mönchen, die ihre Süppchen aus Kräutern kochten.

Die Kenntnis der Heilpflanzen ist uralt. Schon auf altägyptischem Papyrus sind uns Rezepte überliefert, ebenso von berühmten griechischen Ärzten. Auch in Regensburg befaßte sich ein Mediziner mit der Pflanzenheilkunde. Johannes Oberndorffer gründete den ersten Botanischen Garten auf dem Grundstück der heutigen Von-der-Tann-Schule. Schon Anfang des 17. Jahrhunderts pflanzte er 500 verschiedene Arten an. Weit mehr gibt es heute im Botanischen Garten der Universität zu erkunden. Viele Einwohner von Regensburg, ob Groß oder Klein, nützen die Außenanlagen der Hochschule als Naherholungsgebiet vor den Toren der Stadt. Nicht alle finden den Botanischen Garten, der im Südwesten des Unigeländes versteckt liegt, durch Gehölze von der Universitätsstraße und der Josef-Engert-Straße abgeschirmt. Gerade mit Kindern ist er ideal für einen kleinen Halbtagesausflug.

Der Name stammt aus dem Lateinischen (arbor heißt der Baum) und bezeichnet eine mit Gehölzen bepflanzte Fläche. Verschiedene Areale spiegeln die Vegetationszonen Europas wieder, soweit sie in unserem Klima wachsen können. Da gibt es zum Beispiel Eichen- und Birkenwälder, wie sie am Atlantik vorkommen, Bruch- und Auwälder, die entlang der Flüsse charakteristisch sind, Ahorn, Linde und Buche, typisch für die mitteleuropäische Laubwaldzone, und natürlich auch Vertreter der Nadelwaldzonen und Gehölze, die in alpinen Hochlagen wachsen.

An der Bushaltestelle „An der Kreuzbreite" überquert man die Straße, geht nach Osten in den Park und befindet sich bereits mittendrin in den Außenanlagen des Botanischen Gartens, im *Arboretum*.

Am Pflasterweg biegen wir links ab und laufen zwischen der Moorlandschaft der Taiga und Nadelbäumen. Die Gehölze werden niedriger wie in den höheren Lagen der Berge. Wir halten uns rechts und überqueren eine Fettwiese. Sie wird im Gegensatz zu den Parkrasenflächen nur zweimal im Jahr gemäht und bietet daher vielen Gräsern und Blumen Lebensraum. Und so entdecken wir zahlreiche Schmetterlinge und besonders Heuschrecken, die wir immer wieder zwischen den Händen zum Betrachten einfangen müssen. Vorteilhafter ist da eine Becherlupe, in der sich die kleinen Tiere in Ruhe beobachten lassen.

Gleich hinter der Gittertüre zum eingezäunten Bereich locken kreisrunde Trittsteine in einem Becken die Kinder an. Sie laufen vorsichtig darüber, um nicht zwischen die Pflanzen ins Wasser zu purzeln.

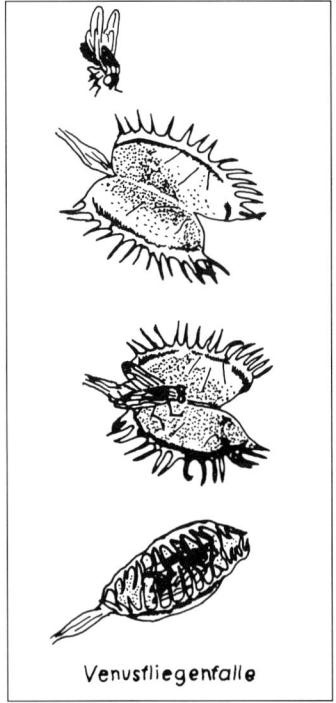

Venusfliegenfalle

Wir befinden uns im Kernstück des Botanischen Gartens mit der systematischen Anordnung der Blütenpflanzen. In mehreren nebeneinanderliegenden Reihen ziehen sich die Beete mit den unterschiedlichen Arten den Hang hinauf. Angefangen bei der einfachen, zweiblättrigen Magnolienblüte, die die ursprünglichen Merkmale der Pflanzenart bewahrt hat, hinauf über die höheren Entwicklungsstadien bis zum krönenden Abschluß der hochentwickelten Blütenstände auf der Hügelkuppe, wie die kompliziert aus vielen Einzelblüten zusammengesetzte Sonnenblume. Die Arten sind so ausgewählt, daß die wichtigsten einheimischen Vertreter berücksichtigt werden, aber zu jeder Jahreszeit überall Exemplare blühen. Durch systematisch zugehörige Gehölze und Stauden werden die Beete voneinander getrennt und zusätzlich hervorgehoben.

Die Kleinen haben natürlich wenig Interesse an der wissenschaftlichen Anordnung, erfreuen sich aber an den Blumen und stehen respektvoll vor dem Kakteenbeet. Sie bestaunen die langen, spitzen Stacheln und nach gezielter Suche finden wir sogar die Urform der Pflanze, wo die Blätter noch nicht zu Dornen umgewandelt sind. Eindrucksvoll sind auch die „fleischfressenden Pflanzen", wenn man erzählt, wie geschickt es beispielsweise die *Venusfliegenfalle* versteht, Insekten zu fangen.

Die Beete umfaßt in bogenförmiger Anordnung auch hier das Arboretum. Beginnend mit den Gehölzen, die die *Eiszeit* überlebt haben, bis hin zur Atlantischen Heide.

Die Kinder kraxeln auf den Findlingen aus Granit, die wie in der Lüneburger Heide verstreut sind zwischen vereinzelten Baumgruppen, im Herbst blühendem Erikakraut, Wacholder und Wollgras. Von hier haben wir einen herrlichen Blick auf die Donauebene. Dabei entdecken wir den „Spaghettibaum". Lange Fäden hängen wie grüne Nudeln von den Ästen.

Danach kommen wir zum für die Kinder schönsten Teil des Gartens. Ein Bach schlängelt sich am nördlichen Rand des eingezäunten Geländes durch zahlreiche Weiden hinab. Der Weg entlang des Ufers führt zu einem kleinen idyllischen Platz mit einer Bank. Hier kann man den Bach erreichen ohne die Uferbepflanzung zu zerstören, auf Steinen sitzend mit den Füßen im Wasser baumeln und Ruhe und Frieden in der Abgeschiedenheit genießen. Zur Freude der Kinder müssen wir auf dem Weg zum Ausgang mehrmals springend und auf Trittsteinen balancierend den Bach überqueren. Wir verlassen diesen Teil des Gartens und werfen noch einen Blick durch den Zaun in den gegenüberliegenden Bereich mit den Arznei- und Versuchspflanzen.

Der Besuch an der Universität soll einen würdigen Abschluß haben: Wir gehen vorbei an den naturwissenschaftlichen Fakultäten zur Mensa. Wie die Studenten wählen wir unter dem reichhaltigen Angebot unser Mittagessen. Die Kinder genießen das Getümmel rundherum und fühlen sich, nachdem sie heute soviel „gelernt" haben, ganz zugehörig.

Von der Bushaltestelle „Universität Mensa" am Fuße der Mensatreppe machen wir uns auf den Heimweg.

Auf der Oberseite der Venusfliegenfalle stehen empfindliche Borsten. Werden diese durch Berührung gereizt, klappt das Blatt rasch zu, wobei die gezähnten Blattränder ineinandergreifen.

Vor einigen Millionen Jahren fraßen die Dinosaurier bereits vom Urweltmammutbaum. Lange war er nur in Versteinerungen und fossilen Pflanzenabdrücken bekannt, bis man ihn 1941 in einer Provinz Chinas lebend entdeckte. Ebenso alt sind Forsythie, Flieder und unsere Roßkastanie. Wer denkt bei den vielen Kastanienbäumen, die es heute gibt, noch daran, daß sie während der erdgeschichtlichen Umwälzungen beinahe ausgestorben wären?

EXPERIMENTIER MAL!

Farbzauberei

Ihr braucht: Zwei Gläser, rote und grüne Tinte (keine Tusche!) und eine weiße Blume, am besten Rose, Nelke oder Dahlie.

Nun muß der Stengel der Blume im unteren Teil in der Mitte gespalten werden. In die Gläser füllt ihr, mit Wasser verdünnt, jeweils eine Tintenfarbe. Steckt die beiden Teile des Stengels in die Gläser. Schon nach wenigen Stunden steigt die Farbe in den Wasserleitungsbahnen nach oben und färbt eine Hälfte der Blüte rot, die andere grün.

Die Wurzelkraft der Pflanze

Ihr braucht: Eine halbe Eierschale, einen Eierbecher, Ringelblumensamen und etwas Kompost.

Stellt die Eierschale in den Becher, gebt etwas Kompost hinein und streut die Ringelblumensamen darüber. An einem hellen, warmen Platz müßt ihr sie jeden Tag etwas befeuchten. Schon nach wenigen Tagen keimen die Samen und es erscheinen die ersten Blätter. Nach ungefähr fünf Wochen seht ihr, welche Kraft die Wurzeln einer Pflanze entwickeln. Wie die Wurzeln von Bäumen das Pflaster oder den Teer sprengen, knackt eure Ringelblume die Eierschale.

Die pfiffige Gelbe Rübe

Ihr braucht: Den Stielansatz einer Möhre. Schneidet da, wo das Kraut abgerissen ist, etwa drei Zentimeter ab. Nun legt ihr das Stück in eine Untertasse, stellt sie an einen hellen, warmen Platz und gießt täglich. Da das Stück, also auch alles, was wir essen, zur Wurzel der Möhre gehört, wachsen am Ansatz neue Blätter heraus. Die Züchtung klappt auch mit Pastinaken, Roten Rüben und Kohlrüben.

INFORMATIONEN

Erreichbarkeit

ab Fahrplanwechsel Mai 1995 mit der RVV-Linie 6, bis Fahrplanwechsel mit der RVV-Linie 18 (jeweils Haltestelle An der Kreuzbreite)
Auskünfte: Regensburger Verkehrsverbund (RVV), Tel. 09 41/7 97 56 75

Öffnungszeiten / Allgemeines

Mitte Mai – Mitte Oktober

Mo bis Mi	8.00 Uhr – 16.00 Uhr
Do	8.00 Uhr – 15.30 Uhr
Fr	8.00 Uhr – 15.00 Uhr
So	11.00 Uhr – 18.00 Uhr

Die Gewächshäuser können nicht besichtigt werden. Ein empfehlenswerter Führer ist beim Gartenpersonal für 10,– DM erhältlich.

Anschrift

Universität Regensburg
Universitätsstraße 31
Botanischer Garten
Tel. 09 41/9 43-32 95

Himmelskörper und Teleskope ...

in der Volkssternwarte

Niemand weiß genau, wieviel Sterne am Himmel stehen. In einer klaren Nacht kann man bis zu 6000 mit bloßem Auge zählen. Mit einem guten Fernrohr sieht man bereits Milliarden. Aber das sind längst nicht alle. Viele Sterne sind so weit weg, daß wir sie auch mit den besten Fernrohren nie sehen werden.

„Oh du vielwissendes Fernrohr, kostbarer als jegliches Szepter! Wer dich in seiner Rechten hält, ist er nicht zum König, zum Herrn über die Werke Gottes gesetzt!"

Mit diesen Worten lobte Johannes Kepler (1571 – 1630), kaiserlicher Hofmathematiker und begnadeter Astronom, eine der großen Erfindungen der Menschheit. Keplers astronomisches Fernrohr wird wegen seiner Einfachheit und Genialität noch heute – etwas verbessert in Ausführung und Verarbeitung – in aller Welt zur Erforschung des Himmels benutzt.

In Regensburg, dessen Name und Geschichte eng mit dem großen kaiserlichen Astronomen verbunden ist, bietet die Volkssternwarte Gelegenheit, die Wunderwelt der Sterne und Planeten durch ein Keplersches Fernrohr selbst in Augenschein zu nehmen. Eine Welt, die so beeindruckend ist, daß ein Genie wie Johannes Kepler ihr ein Leben widmen konnte. Die Faszination und Begeisterung, die Kepler über seine erste Fernrohrbeobachtung in einem Brief an Galileo Galilei im September 1610 äußerte, kann heutzutage jeder interessierte Sterngucker und „Gelegenheitsschauer" selbst erfahren. Dazu ist es nicht notwendig, sich ein Teleskop zu kaufen oder, wie Kepler, gar zu bauen. Will man einen Blick nach oben riskieren, genügt es schon eine hiesige Sternwarte aufzusuchen.

Die Volkssternwarte am Ägidienplatz 2 verrät sich schon von weitem durch die kleine Kuppel auf dem Dach. Im Haus geht es erst einmal hoch hinauf an dem Diavortragsraum vorbei zum Planetarium. Dort warten schon einige Erwachsene auf die Führung, hinzu kommt später ein Trupp munterer Kinder und Jugendlicher, die durch ihre Fragen („Wenn am 11. August 1999 eine totale Sonnenfinsternis ist, müssen wir dann zur Schule gehen?") die Stimmung auflockern. Später geht es hinauf auf die Plattform und trotz des halb bedeckten Himmels wird das „Allerheiligste", die Kuppel, aufgeschlossen, um den vielleicht ersten Blick durch ein großes Teleskop zu wagen. Kinder schwenken auch gerne mal auf die Stadt und den Dom über und „das können sie ruhig, denn der Besuch des Observatoriums soll ja Spaß machen, wir sehen das nicht so bierernst!" äußert sich ein Vorstand des Vereins.

Angehende Himmelskundler können zur Ausschmückung ihres Zimmers wunderschöne Poster mit Aufnahmen von den Planeten, der Milchstraße oder der ersten Mondlandung erstehen.

Geheimnisvolles Weltall

Auch die Erde zählt zu den Himmelskörpern

Früher glaubte man, daß alle Sterne an eine riesige Himmelskuppel geheftet seien, die sich über der Erde wölbt. Heute weiß man, daß sie frei im Weltraum schweben, wie unsere Erde auch. Manche Sterne erscheinen uns hell und groß. Wenn andere Sterne nur schwach leuchten, kann das aber auch daran liegen, daß sie sehr weit von der Erde entfernt sind. Unsere Sonne erscheint nur deshalb so groß, weil sie uns so nah ist. Würde man sie aus einer fernen Ecke des Weltalls betrachten, wäre sie nur ein Stern wie die anderen auch.

Genau wie die Erde umkreisen noch andere Himmelskörper die Sonne. Wir nennen sie die Planeten:

Merkur Venus Erde   Mars Jupiter Saturn Uranus Neptun Pluto
Mein   Vater erklärt mir jeden Samstag unsere neun Planeten

Sie leuchten nicht aus eigener Kraft, sondern werden von der Sonne angestrahlt.

Alle anderen Sterne, die wir sehen, werden Fixsterne genannt. Sie behalten immer die gleiche Position am Himmel, während die Planeten an ihnen vorbeiziehen. Manche Menschen schreiben den Planeten magische Kräfte zu. Die Astrologen sagen, daß man aus ihrer Stellung am Tag der Geburt etwas über den Charakter und das Schicksal eines Menschen ablesen kann.

Lange Zeit glaubte man auch, daß die Erde der Mittelpunkt des Alls sei und daß sich Sonne, Mond und Sterne um die Erde drehen. Heute weiß man, daß die Sonne im Zentrum steht und die Erde und die anderen Planeten sie umkreisen.

Sternschnuppen und Kometen

Kometen bestehen aus einem selbstleuchtenden Kopf, der außer Gasen auch Stein- und Eisentrümmer enthält, und aus einem zuweilen geteilten, strahlenförmigen Schweif aus leuchtenden Gasen. Die Erde ist schon oft durch Kometenschweife hindurchgegangen, ohne daß die Menschen etwas davon gemerkt haben.

SCHAU UND KNIPS MAL!

Komet Levy

27

Die Erde kreuzt auch alljährlich die Bahnen kleiner Kometen, die sich schon längst aufgelöst haben, aber deren Stein- und Eisentrümmer noch mit großer Geschwindigkeit herumsausen. Manche davon treffen die Erdatmosphäre, verglühen und explodieren als helle Lichterscheinungen. Das sind die Meteore. Die kleineren Stücke sind als Sternschnuppen oder Meteoriten sichtbar und verdampfen in großen Höhen der Erdatmosphäre. Wer eine Sternschnuppe fallen sieht, so erzählt man sich heute noch, darf sich etwas wünschen, und wenn er nicht verrät, was er sich gewünscht hat, so wird es in Erfüllung gehen. Das Erscheinen von Kometen dagegen wurde als böses Vorzeichen gefürchtet.

Die Milchstraße

In sternklaren Nächten fasziniert uns das Bild eines glitzernden Streifens am Himmel: die Milchstraße. Viele Millionen große und kleine Sterne, Gase und Staubwolken haben sich zu diesem Band zusammengefunden. Aus der Perspektive des Weltalls gesehen liegen auch wir auf unserer Erde auf der Milchstraße. Im Weltraum gibt es zahlreiche Sternwolken ähnlicher Art und manche können wir mit Hilfe des Fernrohres sehen. Viele zeigen sich in Form einer funkelnden Spirale.

Andromedanebel
Galaxie (2,2 Mio. Lichtjahre entfernt)
im Sternbild Andromeda

Der Polarstern

Direkt im Norden läßt sich mit dem unbewaffneten Auge der Polarstern erkennen. Wir finden ihn mit Hilfe der Sternbilder Großer Bär und Kleiner Bär: Die Strecke zwischen den letzten beiden Sternen des Großen Bären, der auch „Großer Wagen" heißt, wird – wie auf der Abbildung – in Gedanken fünfmal nach oben verlängert. Dann trifft man auf den letzten Stern des Kleinen Bären, und das ist der Polarstern. In einer sternenklaren Nacht wirkt es so, als würden sich alle übrigen Sterne ganz langsam um ihn drehen. Tatsächlich ist es jedoch unser Planet, die Erde, die sich in entgegengesetzter Richtung um die gedachte Erdachse dreht – so wie man in einem ostwärts fahrenden Zug die Bäume westwärts eilen sieht.

Dieses interessante Phänomen läßt sich gut fotografieren. Ihr braucht einen guten Fotoapparat und ein Stativ. Nehmt in einer klaren Nacht den nördlichen Himmel mit dem Polarstern ins Visier und stellt die Belichtungszeit auf mindestens eine Stunde ein. Am besten funktioniert es, wenn es ganz dunkel ist und keine anderen Lichter stören. Auf dem fertigen Bild werden alle Sterne um den Polarstern „tanzen".

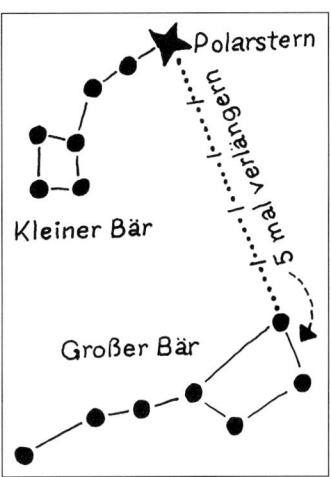

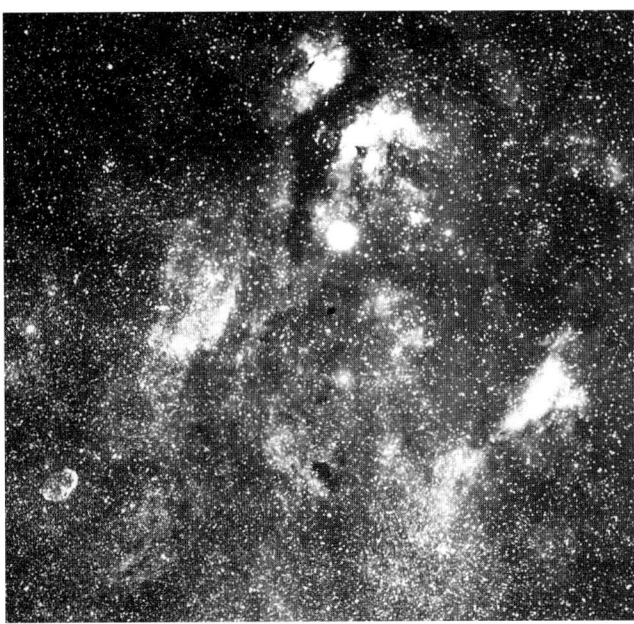

29

„Tanz um den Polarstern"

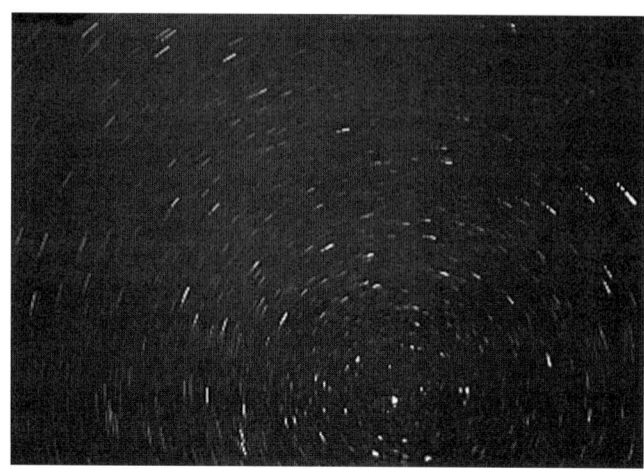

INFORMATIONEN

Anschrift
Volkssternwarte
Ägidienplatz 2, 93047 Regensburg
Tel. 09 41/56 26 82

Erreichbarkeit
mit den RVV-Linien 1, 2, 4, 6, 11 und 13, Haltestellen Arnulfsplatz bzw. Bismarckplatz.

Öffnungszeiten
Jeden Freitag um 20 Uhr (Mitteleuropäische Sommerzeit 21 Uhr). Juni und Juli geschlossen.

Bei klarem Himmel finden Führungen durch die Sternwarte und gegebenenfalls Diavorträge statt.

Sonderführungen
Auf Wunsch und bei rechtzeitiger Anmeldung (mindestens 1 Woche im voraus) sind auch Sonderführungen für Gruppen möglich.

Die Aktiven der Regensburger Sternwarte sind bereit, nach Absprache bei Kinder- und Jugendfreizeiten Beobachtungsmöglichkeiten mit Teleskopen zu bieten.

Eintritt frei

Lustwandeln am Wasser ...

entlang der Donau

Regensburg ist eine schöne Stadt - das wissen alle, die sie besuchen oder in ihr leben.

Doch worin liegt der besondere Reiz dieser Stadt?

Zum einen sicherlich in der in nahezu authentischer Form erhaltenen mittelalterlichen Altstadt, die in ihrer räumlichen Geschlossenheit ihresgleichen sucht. Zum anderen aber auch in der einzigartigen Lage am Wasser.

Erst wer die vielen Spazierwege vor allem entlang der Donau und die beschaulichen Plätzchen auf den Wöhrden und in Stadtamhof entdeckt hat, kann ermessen, welche Lebensqualität die innenstadtnahen Oasen der Ruhe, aber auch die vielfältigen Freizeit- und Erholungseinrichtungen für die Bevölkerung bedeuten. Und der begreift auch, welches Glück es für die Stadt bedeutet, daß diese „grünen Lungen" nicht durch ehrgeizige Straßenbauprojekte der 60er und 70er Jahre zerstört wurden.

Der im folgenden vorgestellte Stadtspaziergang eignet sich hervorragend für sonntägliche Nachmittagsspaziergänge mit Kindern, da es auch und gerade für sie immer wieder Besonderes zu entdecken und bestaunen gibt und zudem zahlreiche Spielplätze auf dem Weg liegen.

Wegen des Salzhandels lag die Freie Reichsstadt Regensburg in ewigem Streit mit dem Königreich „Baiern", das in Stadtamhof seinen eigenen Salzstadel errichtet hatte. Die „Baiern" wollten das Handels- und Zollrecht der Reichsstadt umgehen und versuchten mit aller Gewalt, die Schiffe unter der Steinernen Brücke durchzuziehen. Daraufhin wurde von den Regensburgern ein kräftiger Schiffsmann namens Hanns Heygl damit beauftragt, unter der Brücke mit einem frisch geschliffenen Beil den bairischen Schiffen die Zugseile durchzuschlagen. Die Schiffe wurden von der Strömung erfaßt und bis zum Gries abgetrieben. Unter großen Gefahren und Mühen mußten die Knechte das Salz erst im Stadtamhofer Stadel lagern und dann auf dem Landweg nach Winzer transportieren, wo es erst wieder in die Schiffe geladen werden konnte.

Ausgangspunkt des Spaziergangs ist der Regensburger Salzstadel am Altstadt-Brückenkopf der Steinernen Brücke.

Zu allen Zeiten war Salz ein begehrtes Handelsgut. Durch all die Jahrhunderte gelangte es aus den Salinen des Berchtesgadener Landes auf dem Flußweg nach Regensburg, wo es in mehreren gewaltigen Stadeln gespeichert wurde.

Der größte von ihnen ist der heutige „Salzstadel", in dessen unmittelbarer Nähe sich früher am Uferstreifen der Kran zum Entladen der Schiffe befand. Deshalb wurde der Stadel früher auch „Kräncherstadel" genannt. Heute, nach seiner Sanierung, sind im Salzstadel mehrere Ausstellungsräume und gastronomische Einrichtungen vorhanden. Der Blick vom Kräncher-Saal in den offenen Dachstuhl läßt erahnen, welch gewaltige Mengen Salz hier in den ehemals fünf Dachgeschossen gelagert werden konnten.

Im Salzstadel kann übrigens auch ein nachgebildeter Salzzug bestaunt werden. Im benachbarten Amberger Stadel wurde das Salz für Amberg und die nördliche Oberpfalz gelagert.

Wir verlassen den Salzstadel direkt am südlichen Ende der Steinernen Brücke. Aufgrund der seit August 1992 geltenden Wochenendsperrung für den Kraftfahrzeugverkehr ist das Überqueren der Brücke für Fußgänger und Radfahrer zumindest an Samstagen und Sonntagen viel angenehmer geworden und der Weg über dieses „Wunder der Baukunst" vermittelt insbesondere auf dem höchsten Punkt der Brücke einen einzigartigen Blick auf die Flußansicht der Altstadt mit ihren unzähligen Türmen sowie auf Stadtamhof, den Dreifaltigkeitsberg, die Wöhrde und auf die Donau. Dieses Panorama sollte man eine Zeitlang auf sich wirken lassen, denn gerade hier wird einem die Schönheit der Stadt besonders bewußt.

Das Bruckmandl erinnert an die alte Volkssage über die Wette des Dombaumeisters mit dem Brückenbauer, die Eltern für die stets wißbegierigen Kinder parat haben sollten – auch wenn die Geschichte bekanntlich gar nicht stimmen kann, da die Zeit der Errichtung beider Bauwerke zu weit auseinanderliegt.

Unser Spaziergang führt ungefähr in der Mitte der Brücke nach links zum Oberen Wöhrd hinunter, der schon seit langer Zeit für die Regensburger eine Insel der Erholung ist. Die Wiese unterhalb des Kneitinger Biergartens eignet sich hervorragend zum Picknicken, Ballspielen oder auch einfach nur zum Faulenzen. Kinder können herumtollen oder den Jongleuren zuschauen.

Nach einem kurzen Stück auf der Lieblstraße biegen wir nach rechts auf einen schmalen gepflasterten Weg am Donaunordarm ab.

Dieser schattige Weg unter grünem Blätterdach führt über schmale Holzbrücken und vermittelt zauberhafte Blicke auf die zügig dahinfließende Donau, das Stadtamhofer Ufer und die Nordseite der Villa Lauser, die mit ihrer üppigen klassizistischen Fassadendekoration an die Zeiten erinnert, als sich reiche Regensburger Bürger und Handelsherren im 18. Jahrhundert elegante Villen bauen ließen.

Schon bald wird der Blick auf die Stahlkonstruktion des neu errichteten Pfaffensteiner Steges frei. Unser idyllischer Pfad schlängelt sich unter dieser Brücke hindurch an Kleingärten und riesenhaften Bäumen vorbei in Richtung Wöhrdbad, das sich im Sommer schon früh durch seine Geräuschkulisse ankündigt. Unser Spazierweg führt nun nach rechts, wo wir nach kurzer Zeit den Spielplatz und Trimm-Dich-Pfad sowie die Staustufe erreichen.

Durch den Bau des Europakanals und die Errichtung der Staustufe 1975/76 hat die Westspitze des Oberen Wöhrdes viel von ihrer Romantik eingebüßt. Der seit 1979 der Öffentlichkeit zugängliche Inselpark hat aber auch heute noch mit seinen zahlreichen Wildblumenwiesen und lauschigen Plätzchen am Wasser seinen Reiz.

Für Kinder ist es vor allem faszinierend, das Steigen und Fallen des Wasserspiegels in der Sportbootschleuse und die Wasserkaskaden in der Bootsgasse für Kanus zu beobachten.

Nach dem Wehr gelangt man links über eine Treppe auf den Donauweg. Der Blick von hier aus auf die Altstadt begeistert immer wieder. Auf der angrenzenden Grünfläche mit herrlichem altem Baumbestand wurde ein Fledermausbiotop eingerichtet.

Wir nähern uns wieder der Altstadt. Hinter dem Damm ist die Bebauung der Westendstraße zu sehen, die teilweise bereits aus barocker Zeit stammt. Bald befinden wir uns auf Höhe des Herzogparks, dessen Westeingang wir über Treppen zur Westendstraße erreichen.

Ein langgestreckter Graben und ein Hügel prägen die Gestalt des Parks. Beim Graben handelt es sich um den ehemaligen mittelalterlichen Stadtgraben; der Hügel, auf dem sich jetzt ein Weiher befindet, besteht aus den Überresten einer Bastion aus dem 16. Jahrhundert. Wegen seiner Pflanzenvielfalt und -auswahl kann man den Herzogpark durchaus als kleinen botanischen Garten ansehen. Ein Rundgang führt durch den Rosengarten, das Rhododendrontal, den Alpengarten, das Weiherbiotop, den Renaissancegarten und drei Themengärten (Weißer Garten, Quellgarten und Paradiesgarten). Für Kinder ist insbesondere der Geologische Lehrpfad mit seinen vielfältigen Gesteinsgruppen interessant.

„Der Dombaumeister und der Brückenbaumeister hatten gewettet. Jeder behauptete, er würde als erster sein Werk vollenden. Da es mit dem Dom sehr schnell voranging, hat sich der Brückenbaumeister in seiner Angst mit dem Teufel verbündet. Der wollte allerdings für seine Hilfe die ersten drei Seelen, die über die neue Brücke gehen würden. Der Brückenbaumeister hat sie ihm versprochen und tatsächlich – in nur 11 Jahren hat ihm der Teufel diese mächtige Brücke gebaut. Als die fertig war, haben sie, um den Dombaumeister zu verhöhnen, dieses Bruckmandl aufgestellt, das zum Dom hinaufschaut, als wollte es sagen: „Na, Ihr da oben, seid Ihr immer noch nicht fertig?" Da hat sich der arme Dombaumeister in seiner Verzweiflung vom unvollendeten Dom in die Tiefe gestürzt. – Ihr erinnert Euch an den Wasserspeier neben dem Eselsturm? Das ist er, der Arme!

Nun hatte der Brückenbaumeister zwar gewonnen, aber – die ersten drei Seelen sollten jetzt dem Teufel gehören! Was hat der schlaue Brückenbaumeister gemacht? Mit seinem Pudel hat er zwei Gockelhähne über die Brücke gejagt! Der Teufel hatte nämlich dummerweise vergessen zu sagen, ob er Tier- oder Menschenseelen wollte. Er war ausgetrickst. Fuchsteufelswild war er und hat in seiner Wut die drei armen Tierchen zerfetzt und in die Donau geworfen."

G. Adler: Vom Stadtmäuschen zum blauen Esel

Das Besteigen des Prebrunnturms ist nicht nur für Kinder ein Erlebnis. Von hier aus hat man vor allem bei Nachmittagssonne einen faszinierenden Blick auf den Park, die Donau und die Türme der Altstadt. Sehr schnell entsteht ein Spiel daraus, wer welche Türme kennt. Die Domtürme und der Rathausturm mit der großen Uhr sind fast jedem bekannt; doch wer kann die Türme von Niedermünster und der Neupfarrkirche, den Goldenen Turm, den Brückturm, die Dreieinigkeitskirche, die Oswaldkirche oder die Dominikanerkirche erkennen? Oder gar die verschiedenen Geschlechtertürme beim Namen nennen? Die kleineren Kinder interessieren sich mehr für den nahen Spielplatz an der Hundsumkehr, dem wir anschließend noch einen Besuch abstatten. Kinder aller Altersgruppen kommen auf dem etwas höher gelegenen Areal mit dem großen phantasievoll gestalteten Holzschiff voll auf ihre Kosten.

Auf dem gepflasterten Weg direkt an der Kaimauer entlang nähern wir uns wieder dem Ausgangspunkt unserer „Stadtwanderung" – dem Salzstadel.

1. Vom Rosengarten aus erreicht man über einige Treppen das tieferliegende Rhododendrontal. Was befand sich früher hier?

   Der Stadtgraben.

2. Am nördlichen Anfang des Rhododendrontales steht die Statue eines melancholischen Mädchens. Welche Blumen hat sie in der Hand?

   Rosen.

3. Im Herzogpark gibt es nicht nur viele Pflanzen; es ist auch ein Geologischer Lehrpfad mit verschiedenen Gesteinsarten zu sehen. Findet Ihr mindestens vier in unserer Region auftretende Gesteine?

   Basalt, Granit, Bändergneis, Grünsandstein, Quarz, Riffkalk, Serpentit, Marmor, Brauneisenerz, Quarzglimmerdiorit.

4. Im Herzogpark steht ein schönes altes Palais. Was ist heute darin untergebracht?

   Naturkundemuseum.

5. In einer Ecke des Paradiesgartens befindet sich in einem Holzbottich eine schöne Pflanze mit ganz feingefächerten Blättern. Wie heißt sie?

   Silber-Akazie.

6. In der Mitte des Renaissancegartens ist ein schöner Brunnen zu sehen. Aus welchem Material ist er und welche Motive kann man erkennen?

   Grünsandstein; Blumen, Sonne, Vögel, Blätter, Gesichter.

7. Wo befindet sich im Herzogpark ein „Parkhaus", in das man aber nicht mit dem Auto hineinfahren kann?

   Am Nordrand des Renaissancegartens, Richtung Donau.

8. Am „Exotenweg" ist eine Vielzahl in unserer Region unüblicher Pflanzen zu sehen. Findet Ihr die Pflanze, deren Früchte man häufig auf der Pizza findet, aus denen man aber auch Öl gewinnen kann?

   Olivenbaum.

9. Vom Prebrunnturm aus sieht man eine Vielzahl von Türmen in der Altstadt. Auf welchem ist eine große Uhr zu sehen?

   Rathausturm.

SUCH MAL!

**Wer weiß was
über den Herzogpark?**

35

Wo die Puppen tanzen ...

im Figurentheater im Stadtpark

„Als ich aus dem Schulhofe trat, kam eben der dicke Stadtausrufer die Straße herauf. Er schlug mit dem Schlüssel an sein blankes Messingbecken und rief mit seiner Bierstimme: „Der Mechanikus und Puppenspieler Herr Joseph Tendler aus der Residenzstadt München ist gestern hier angekommen und wird heute abend im Schützenhofsaale seine erste Vorstellung geben. Vorgestellt wird Pfalzgraf Siegfried und die heilige Genoveva, Puppenspiel mit Gesang in vier Aufzügen." Ich folgte ihm von Straße zu Straße, um wieder und wieder die entzückende Verkündigung zu hören; denn niemals hatte ich eine Komödie, geschweige denn ein Puppenspiel gesehen."

So schildert Theodor Storm in seiner Novelle „Pole Poppenspäler", wie das fahrende Volk der Puppenspieler in früheren Zeiten angekündigt wurde, wenn es eine Spielerlaubnis der Ratsherren bekommen hatte.

Der Beruf des Puppenspielers im Sinne einer „Berufung" brachte viele Entbehrungen und Anfechtungen mit sich. Heute ist dieser Beruf selten geworden. Im Regensburger Figurentheater aber wird die alte Faszination und Leidenschaft der „Fadenzieher" wieder lebendig.

Versteckt und idyllisch mitten im großflächigen Regensburger Stadtpark steht ein kleines anheimelndes Haus. Das kleine Marionettentheater, eingerichtet für ca. 80 Besucher, ist ein Erlebnis für Groß und Klein. Bereits Kinder ab 4 Jahren werden im Programm berücksichtigt, bestimmte Stücke sind jedoch auch für Kinder bis 12 Jahre konzipiert. Nicht zu vergessen Erwachsene, die mit Begeisterung ihre Kinder begleiten. Im jährlichen Spielplan werden Daten, Zeit und Titel des Stückes sowie vor allen Dingen die Altersangaben veröffentlicht. Diese Beschränkung sollte unbedingt eingehalten werden, da der Einlaß sonst verweigert werden kann.

Im Zuschauerraum suchen alle Kinder aufgeregt den besten Platz. Gong! Das Licht geht aus, manche Kinder reden, um ihre Anspannung zu überwinden, ein paar Kleine verziehen sich doch lieber zu den Seitenplätzen auf Papas Schoß. Das Licht geht aus, die Bühne wird beleuchtet und jetzt wird es still! Vor die Bühne tritt der Puppenspieler. Er erklärt den Kindern kurz, was auf sie zu kommt, und wünscht ihnen viel Spaß.

Gebannt verfolgen Kinder und Erwachsene die „lebendigen" Bewegungen der Marionetten, die spaßigen Ideen von Elfriede, der Erfindermaus, die für ihren verletzten Freund Wirbelmax einen Rollstuhl erfindet, mit dem er tanzen und Mäusefallen knacken kann.

Wie in diesem jährlich wieder aufgegriffenen Klassiker „Sonne, Mond und Mäusespeck" werden alle Klassiker, Märchen, literarische Stoffe und zeitkritische Stücke kindgerecht bearbeitet und mit eingängigen Songs und Melodien untermalt.

Figurentheater
im Stadtpark

37

BASTEL MAL!

Für die Kleinen einen Elefantenhund

Für dieses Fadentier, das sich zwischen Elefant und Dackel ansiedeln läßt, brauchen wir ganz einfache Materialien: Wellpappe, Schnur, Nadel, Schere, Heftklammern und einen ca. 30 cm langen Stock. Beliebig breit werden aus Wellpappe Streifen für Kopf, Rüssel/Schnauze, Körper und Beine geschnitten, aufgerollt und mit Büroklammern fixiert. Nun müssen die Einzelteile nur noch mit Schnur aneinandergefügt und mit 3 Fäden am Stock aufgehängt werden: Der Elefantenhund ist einsatzbereit!

Für die Großen eine Marionette

Wenn man die Puppen an ihren Fäden hat tanzen sehen, juckt es so richtig in den Fingern, es auch einmal auszuprobieren. Von der Beweglichkeit der Glieder geht eine große Faszination aus. Eine ganz einfache Möglichkeit, eine Marionette ohne Schnitzen und Modellieren auch zu Hause im Kinderzimmer lebendig werden zu lassen, ist die Herstellung eines Gardinenbleiband-Körpers.

Die Puppenwirbelsäule besteht aus einem ca. 16 cm langen Dübelstab. An diesen Stab werden nun die beiden Bleibänder so gelegt, daß 4 Gliedmaßen entstehen. Danach werden Stab und Bleibänder als Rücken mit Textilklebeband umwickelt. Vier schon durchbohrte Holzkugeln (1 x 3 cm, 4 x 2 cm Durchmesser) werden zu Händen und Füßen. Die Enden der Bleibänder werden nun in die Löcher der Kugeln gesteckt. Für die Hände kann man gleichzeitig die Führungsfäden fixieren. Die Führungsfäden der Beine befestigt man erst nach dem Bekleiden der Puppe am Knie. Sind die Löcher in den Kugeln etwas zu groß geraten, wird das Ende des Bleibandes mit Textilklebeband umwickelt. Nun fehlt nur noch ein kleiner Stoffrest, aus dem sich schnell ein Clownsanzug herstellen läßt. Hals-, Arm- und Beinausschnitte können einfach gereiht und zugezogen werden.

Jetzt kann die Puppe tanzen ...!

Anschrift
Figurentheater im Stadtpark
Dr.-Johann-Maier-Str. 3, Regensburg
Tel. 09 41/2 83 28

Vorstellungen
Jeden Samstag und Sonntag um 15.00 Uhr.
Sommerpause von Mitte Juni bis Mitte Oktober.
Für Gruppen ab 25 Personen können auch außerhalb der festgesetzten Spielzeiten Termine vereinbart werden.

Kartenverkauf / Eintrittspreise
Kartenvorverkauf: Tourist Information im Alten Rathaus,
Tel. 09 41/5 07 44 10
Preise: 6,50 DM – 11,50 DM

Erreichbarkeit
mit den RVV-Linien 1 und 4 (Haltestelle Taxisstraße)
mit den RVV-Linien 6 und 11 (Haltestelle Ostdeutsche Galerie)

INFORMATIONEN

Friggadorn und Wodansbart ...

auf den Winzerer Höhen

Seit zwanzig Jahren Witwe des einst weit und breit geschätzten Wundarztes Eusebius Theophil Stoder, sammelte die Greisin Würz- und Heilkräuter an den Hängen des Toten-Gebirgs und des Sengsen-Gebirgs. Sie tat ihr Bestes, um Tiere und Menschen von ihren Gebresten zu heilen, so oft ein dringlicher Bote, der sich heimlich zur Nachtzeit bei ihr einfand, ihre Hilfe erheischte. Daß sie die Wirkung ihrer Heilpflanzen durch ererbte heidnische Sprüche erhöhen wollte, bestärkte die Leute in der Meinung, sie übe Zauber. Der Alten ganzes Wissen und Wähnen von den Heilkräutern war ja ein Erbe vergangener Geschlechter. Es war samt den Pflanzennamen, die an längst vergessene Götter, Holde und Trolle gemahnten, von heidnischen Urzeiten herauf weitergegeben worden. Die Heckenrose, deren Gallen sie als Schlafmittel sammelte, nannte sie „Friggadorn", die Hauswurz „Wodansbart", die Mistel „Marentaken", die Tollkirsche „Lokiwurz". Die Blüten der Ragwurz, „Frauentränen", gemahnten an die „liebe Frau" der Vorfahren, an Freia, welche als blaublühende „Wegwarte" der Heimkehr ihres Gatten Odin harrt.

Als im Frühsommer 1683 ein furchtbares Hagelwetter die Fluren von Windisch-Garsten verwüstete, wurde gegen die Stoderin, die zur Zeit des Unwetters außer Hause gewesen war, die Anklage wegen Hexerei bei der Behörde eingebracht. Durch eilige Flucht entzog sich die Alte dem hochnotpeinlichen Verfahren eines Hexenprozesses, der ja doch mit ihrem Tode auf dem Scheiterhaufen geendet hätte.

A. Th. Sonnleitner: Die Höhlenkinder im Heimlichen Grund

Vieles von dem urzeitlichen Wissen um die Heilkraft und Eßbarkeit der Wildpflanzen ist uns verlorengegangen. Hagebuttentee kaufen wir im Teebeutel, Medizin gibt es in der Apotheke. Und das ist auch gut so, denn verunreinigte Kräuter oder die Anwendung aus einem Halbwissen heraus können wohl mehr schaden als nützen. Die wenigen Kräuter, die wir kennen, wissen wir oft nicht zu dosieren.

Dennoch kann bei einem Kräuterspaziergang mit Kindern das alte Wissen auf anschauliche Art wieder belebt werden, wenn wir harmlose Pflanzen und Früchte bestimmen, sammeln und gemeinsam daraus Gerichte und Getränke zubereiten.

Für unsere kleine Wanderung bieten sich die stadtnahen Winzerer Höhen an. Vom Hauptbahnhof sind es 20 Minuten nach Niederwinzer. Wir steigen an der gleichnamigen Haltestelle aus und laufen die Nürnberger Straße zurück Richtung Ortskern. Die erste Straße links, bergauf, geht es den „Winzersteig" entlang. Wir lassen die Stadt hinter uns und schon zeigen sich die ersten Kräuter am Wegrand. Unser fachkundiges „Kräuterweib" schafft es mühelos, die Kinder bei der Stange zu halten und ihnen Kräuter und Früchte schmackhaft zu machen. Eifrig suchen die Kinder die gezeigten Pflanzen, lassen aber genügend stehen, damit sie wieder aussamen können. Die kleinen Kräutersammler finden „Friggadorn", Beinwell, Löwenzahn, Pimpinelle, Schafgarbe, Spitz- und Breitwegerich, Dost, Kamille, Holunder und natürlich Brennesseln.

Die Stengel des *Beinwell* werden 30 bis 90 cm lang und sind wie die Blätter borstig behaart. Von Mai bis September sprießen aus den Blattachseln die traubenförmig überhängenden, glockenförmigen weißen, rötlichen oder violetten Blüten.

Alles, was auf Anhieb nicht bestimmt werden kann, ist für einen 12jährigen „die wilde Karotte, wild, aber ohne Möhre". Den Kindern macht es offensichtlich Spaß, unsere Sammel-, Schmeck- und Riechaktion mit flotten Sprüchen zu kommentieren. Scheren, Messer und Schachteln werden ausgepackt, um die wertvolle Kräuterware nach dem Betrachten, Zerreiben und Befühlen liebevoll zu verstauen. In den Rucksäcken befinden sich jetzt schon Beinwell und Hagebutte.

Der Hagebuttenstrauch wird auch Hecken- oder Hundsrose genannt und erreicht eine Höhe von bis 2 m. Die Blattstiele und Blättchen tragen Stacheln, die rosaroten Blüten duften aromatisch. Erst im Herbst reift die scharlachrote *Hagebutte*.

Wir halten uns links und gelangen in einen idyllisch bewachsenen Hohlweg. Hier finden sich Dost und Breitwegerich. Beidseitig stehen hier Schlehensträucher. Knorrige schwarze Dornen

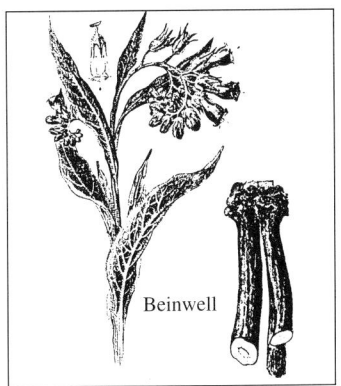

Beinwell

In der Volksmedizin schätzt man Beinwell wegen seiner heilenden Wirkung bei Entzündungen, Prellungen und Quetschungen. Verwendet wird der Teeaufguß als äußerlicher Umschlag.

Hagebutte
Hundsrose

In der Volksmedizin verwendet man die Knospen und die Samen aus den reifen Früchten als Teeaufguß oder zur Herstellung von Marmelade. Der hohe Vitamin-C-Gehalt steigert die Körperabwehr gegen Erkältung und Grippe. Seit jeher haben Kinder die Samen zur Herstellung von Juckpulver verwendet.

Schlehdorn

Vom Schlehdorn werden Blüten zur Entgiftung und Entschlackung, Beeren wegen ihres hohen Vitalstoffgehalts zur Frühjahrskur verwendet.

Wegerich

Aus den Blüten des Wegerichs kann Tee gebraut werden, besonders wohltuend ist dieses Getränk bei Bronchitis. Zerriebene Blätter können die Wirkung von Bienen- und Wespenstichen lindern.

schmücken die Äste. Im Herbst wachsen blauschwarze, mehlig überzogene Früchte heran, die erst nach dem ersten Nachtfrost im Oktober und November genießbar sind. Wer trotzdem eine *Schlehenbeere* probiert, kriegt kein Bauchweh, ist aber tapfer. Denn sofort wird er die herbsaure, den Mund zusammenziehende Wirkung des Saftes spüren, der das Gefühl hinterläßt, die Zunge sei plötzlich „pelzig".

Auf dem Höhenzug überkommt uns das angenehme Gefühl, auch innerlich weit über der Stadt zu stehen. Einsam und verlassen auf weiter Flur liegt vor uns ein Bauernhof. Wir wenden uns nach links, wo Parkbänke zur Pause einladen. Grazile Spinnweben und Tautropfen auf den Gräsern am Wegesrand fangen den Blick ein. In unseren Rucksack sollen nun noch Löwenzahn, Pimpinelle, *Spitz-* und *Breitwegerich* und die gefürchtete Brennessel hinein. Wer schafft es, eine Brennessel abzureißen, ohne sich zu „brennen"? Ein kleiner Sammler packt gelassen ein Paar Handschuhe aus.

Wir haben eine herrliche Aussicht über Winzer, die Gartenanlagen hinweg bis nach Mariaort, wo die Naab in die Donau mündet. Weit von der Altstadt her grüßen die Domtürme. Direkt am Weg stehen Holundersträucher. Holundersaft tut bei Fieber Wunder, darf aber nicht roh genossen werden. Schon manches Kind bezahlte den Versuch mit Übelkeit und Bauchweh. Bei der nächsten Weggabelung finden wir eine Trockenwiese vor, übersät mit Beifuß. Es ist Kirchweihsamstag und Beifuß ist ein gutes Gewürz für die traditionelle Kirchweihgans. Wir halten uns rechts, passieren den Bauernhof und erreichen den malerisch in herbstlichen Rot- und Brauntönen gefärbten Wald. Die Kinder, nunmehr zum Herumtollen aufgelegt, laufen voraus. Am Ende des Weges sehen wir eine Tafel, auf der heimische Vögel abgebildet sind. Das Spiel „who is who" ist nicht nur für die Kinder schwer. Wenige Meter entfernt erreichen wir das Lokal „Seidenplantage". Früher wurden in dieser Gegend *Seidenraupen* auf Maulbeerbäumen gezüchtet. Auch heute finden sich hier am Weg noch Maulbeerbäume. Wir überqueren die Kreuzung und biegen links in den Österreicherweg ein. Den Spielplatz am Anfang des Weges übersehen die Kinder natürlich nicht! Vorbei an der Dreifaltigkeitskirche steigen wir über den Kreuzweg hinunter zur Schwandorfer Straße. Die Bushaltestelle finden wir auf der Kanalbrücke.

Gut gelaunt stehen die Chefköche anschließend am Herd, um aus den mit viel Liebe und Mühe selbstgesammelten Kräutern ein Gericht zuzubereiten.

a) Blütenköpfchen   Beifuß

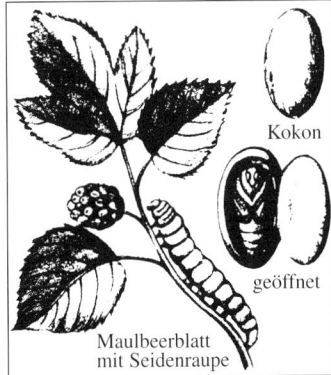

Kokon

geöffnet

Maulbeerblatt
mit Seidenraupe

Zur Herstellung von Seide wird der
Faden verwendet, den die Raupe
eines Schmetterlings, des sogenannten Seidenspinners, bei ihrer Verpup-
pung spinnt. Unermüdlich geht ihr
Kopf hin und her, zieht das Spinn-
sekret um sich selbst, bis die ganze
Raupe in dem Kokon verschwunden
ist. Von diesem 3000 bis 4000 m langen Faden des Kokons lassen sich
ca. 900 m abhaspeln und zu Seide ver-
arbeiten. Jahrtausendelang blieb die
Seidengewinnung ein von den Chi-
nesen sorgsam gehütetes Geheimnis.

43

KOCH MAL!

Mit Kochmütze und -schürze finden sich die kleinen Köche in der Küche ein. Eifrig werden die Kräuter sortiert, gewaschen und zerpflückt. Dem Brennesselpfannkuchen sehen die Kinder mit Skepsis entgegen. Keiner traut sich an das Zerkleinern der Brennesseln heran, aber jeder will einen solchen Pfannkuchen backen. Mit Eigenlob übersät wird es dann schließlich der beste Pfannkuchen der Welt!

Pfannkuchen mit Brennesseleinlage

Junge Brennesselblätter werden gewaschen, geschnitten, unter den Pfannkuchenteig aus Mehl, Eiern, Milch und etwas Salz gerührt. Der Pfannkuchen wird wie gewöhnlich in Fett herausgebacken.

Salat mit Wildkräutern

Pimpinelle, junge Löwenzahnblätter und Schafgarbenblätter werden gewaschen und zerkleinert. Die Kräuter vermischen wir mit geschnittenem Chinakohl oder anderen Salatsorten und stellen eine Salatmarinade aus Essig, Salz, Zucker und Öl her. Am

44

Schluß geben wir noch Sauerrahm dazu, um mögliche Bitterstoffe in den Kräutern zu reduzieren. Der besondere Geschmack ist bei den Kindern gut angekommen.

Nach dem ersten Frost werden wir sicher Schlehen pflücken gehen, um selber einen gesunden Wintertrunk zu brauen.

Schlehenwasser
Wie die Hagebutte ist auch die Schlehe sehr reich an Vitamin C. Dieses Getränk ist also besonders für die kalte Jahreszeit geeignet. Die Schlehen werden in einer Schüssel bereitgestellt. In einem Topf wird Wasser mit einer Scheibe Zitrone, einer Zimtrinde und einem Eßlöffel Essig aufgekocht und über die Schlehen gegossen, die nun ca. 3 – 4 Stunden stehenbleiben. Danach wird das Schlehenwasser abgegossen und mit Honig gesüßt. Der Vorgang kann nochmals mit frischem kochenden Wasser wiederholt werden, da der Saft der Schlehen noch nicht verbraucht ist. Warm oder kalt in Tee getrunken schmeckt er Kindern sehr gut.

Länge der Wanderung
ca. 3 km

INFORMATIONEN

Eignung
für Kinder aller Altersgruppen

Erreichbarkeit
Hinfahrt:
mit der RVV-Linie 12 Richtung Kager/Heitzenhofen
Ausstieg: Haltestelle Niederwinzer (Ortsmitte)
Fahrtdauer: ca. 15 Minuten

Rückfahrt:
ab Fahrplanwechsel Mai 1995 mit den RVV-Linien 4, 12 und 13
bis Fahrplanwechsel Mai 1995 mit den RVV-Linien 3, 6, 12 und 13
(jeweils Haltestelle Steinweg)

Auskünfte:
Regensburger Verkehrsverbund (RVV), Tel. 09 41/7 97 56 75

Komm, ich zeig dir deine Stadt ...

kreuz und quer durch die Altstadt

Mitten in der Stadt können wir zuweilen auf den Turm der Dreieinigkeitskirche in der Gesandtenstraße, auf den Goldenen Turm oder im Sommer auf die Dachterrasse vom Kaufhaus Horten steigen und bei klarem Wetter über die Stadt hinwegblicken.
Wir sehen Dächer, große und kleine Häuser, Türme und Straßen. Lebendig wird dies alles erst durch die Menschen, die unter diesen Dächern wohnen, arbeiten und sich begegnen. Es sind viele Menschen, alte und junge, Kinder, denen es gut oder schlecht geht. Eine Stadt steckt voller Geschichten aus der Vergangenheit, die vor allem vom Leben der Menschen und ihren Gewohnheiten erzählen. In Regensburg gibt es viele versteckte Winkel, Plätze und Gassen. Für manche bleiben diese idyllischen Aussichten verborgen. Stadtführungen ermöglichen Kindern zusammen mit ihren Eltern, sich für die Geschichte der Stadt Regensburg zu interessieren und das Leben der Menschen früher und heute, auch anhand von Sagen und Anekdoten, vor Ort lebendig werden zu lassen. Die Freizeitbeschäftigung und das visuelle Erleben von Kindern ist in der heutigen Zeit vielfach mit dem Fernsehen verbunden. Die Kinder sollen aber auch Spaß daran bekommen, mit offenen Augen durch die Stadt zu gehen, und lernen, sich an ihren Schönheiten zu erfreuen. Das schönste Kompliment für Stadtführerinnen ist es, Kinder zu treffen, die stolz Freunde durch ihre Stadt führen und das Gelernte weitergeben.

Wir begleiten eine Gruppe, die durch unsere schöne, alte Stadt geführt wird.

Treffpunkt ist das Alte Rathaus. Eine freundliche Begrüßung schafft spürbare Nähe. Die Neugierde der Kinder wird durch Fragen und Suchaktionen nach Engeln, Stadtschlüsseln und -wappen geweckt, so daß ein lebhafter Dialog entsteht. Suchend gleiten die Kinderaugen über den Platz. Fragend blicken nicht nur die Kinder, als sie gefragt werden, warum Wappen wichtig sind. Hier wird deutlich, daß Erwachsene auch nicht alles wissen. Dies tut den Kindern offensichtlich gut.

Vom Alten Rathaus geht es weiter zum stattlichen Haidplatz. Hier gibt es eine Menge zu erzählen, von den hohen, mächtigen Regensburger Patriziertürmen und den Kaufleuten, die auf diese Art ihren Reichtum zeigten. Gespannt sind die Kinder, als ihnen anschaulich geschildert wird, daß auf diesem Platz auch *Ritterturniere* stattgefunden haben.

Vom Haidplatz gehen wir durch die Rote-Hahnen-Gasse, durchqueren die Gasse Hinter der Grieb und biegen in die *Untere Bachgasse* ein.

Krako, ein gefürchteter Ritter, der die Regensburger Ritterschaft höhnisch herausforderte, wurde hier angeblich von Hans Dollinger, einem Sohn aus einem uralten Regensburger Geschlecht, getötet.
Ob das wirklich so war?

Hier floß früher ein Bach, der alles, was im Haushalt nicht mehr gebraucht wurde, fortschwemmte. Die Leute warfen den Müll aus den Fenstern, heute unvorstellbar.

Verwinkelt über Hinterhöfe erreichen wir die Wahlenstraße. Der Goldene Turm in der Mitte der Straße nimmt unter den Regensburger Patrizierhäusern eine besondere Stellung ein. Er ist 50 m hoch und nur zu besonderen Anlässen ist eine Besichtigung möglich. Durch die enge und mittelalterlich geprägte Kramgasse laufen wir zum Dom. An der Domfassade ist Petrus im kleinen Boot mit den Schlüsseln in der Hand zu finden. Entdeckt Ihr ihn?

Wenige Meter weiter, versteckt im Innenhof des Bischofshofs, treffen wir auf den Gänsebrunnen. Die Anekdote vom Fuchs und der Gans läßt ein Lächeln über die Lippen der Kinder huschen. Unter den Schwibbögen erreichen wir die Porta Praetoria, das älteste, von Römern erbaute Stadttor. Bei Führungen wird den Kindern eine Zeichnung gezeigt, die anschaulich verdeutlicht, wie das Tor früher ausgesehen hat.

Die Steinerne Brücke mit dem Bruckmanderl, ein anderes Wahrzeichen der Stadt, kennt jedes Kind. Zu Bauzeiten der Brücke und des Domes soll angeblich ein Vertrag mit dem Teufel geschlossen worden sein. Macht euch das neugierig?

Die Mitarbeit der Kinder wird auf diesem Weg positiv gefordert, Fragen werden aufgegriffen, die Beobachtungsbereitschaft erhöht und ihr Interesse gesteigert. Die Neugierde wird vor allem durch die vielen Anekdoten, den Einfallsreichtum in der Darbietung und Verarbeitung der Inhalte geweckt. Aber hierbei hat jede Stadtführerin sicherlich ihren eigenen Stil und ihre Eigenheiten. Um diesem Erlebnis nicht etwas vorwegzunehmen, soll auf die vielen Überraschungen hier nicht näher eingegangen werden ...

Empfehlung: G. Adler: Vom Stadtmäuschen zum blauen Esel

MACH MAL!

Postkartenpuzzle

Es gibt viele schöne Postkarten von unserer Stadt. Zerschneidet sie und versucht sie wieder zusammenzusetzen. Vielleicht erkennt ihr den einen oder anderen Platz wieder?

Stadtplanspiel

Kinder gehen mit anderen Augen durch die Stadt als Erwachsene. Sie nutzen völlig andere Orientierungspunkte. Nehmt euch die Zeit für einen Stadtbummel und fertigt anschließend einen Stadtplan an. Themen können der Schulweg oder ein Lieblingsweg sein.

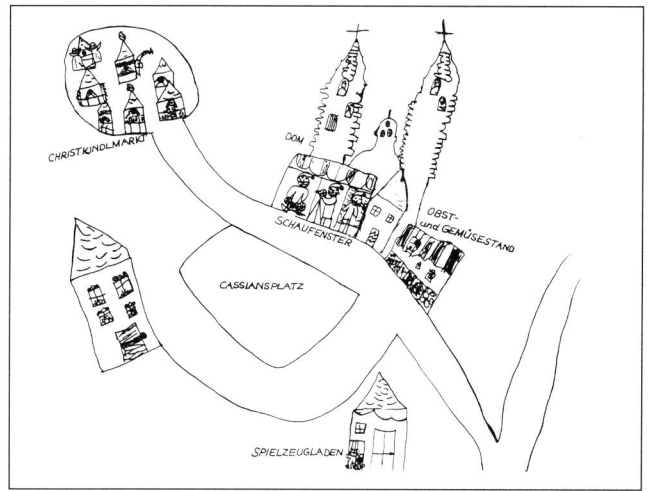

So kann ein Stadtplan von Kindeshand aussehen.

Stadtplan von Anna (6 Jahre)

Angebote

Die folgenden Institutionen bieten Stadtführungen an:

- Kath. Bildungswerk Regensburg, Tel. 5 68 12 31
- Evang. Bildungswerk Regensburg, Tel. 5 80 13
- Volkshochschule Regensburg, Tel. 5 07-44 12
- Fremdenverkehrsamt/Tourist Information Regensburg, Tel. 5 07-44 10

Alle Institutionen weisen diese Veranstaltungen in ihren Programmen aus; der zeitliche Rahmen und die Preise werden angegeben. Eltern oder Elternteile mit Kindern sind willkommen; Kinder alleine dürfen nicht abgegeben werden (Aufsichtspflicht!).

Allgemeine Hinweise

Kindergerechte Stadtführungen müssen eine Woche vorher bestellt werden bei: Tourist Information, Altes Rathaus, 93047 Regensburg, Tel. 09 41/5 07-44 10
Allgemeine Informationen über Führungen liegen auf!
Kosten der Führung: 70,00 DM. Gruppengröße: bis 30 Personen (Kinder mit Eltern). Treffpunkt ist beim Alten Rathaus.

Stationen sind bsw. Altes Rathaus - Steinerne Brücke - Salzstadel - Porta Praetoria - Dom - Wahlenstraße - Tändlergasse - Fischmarkt - Haidplatz.

Vorstellungen über den Verlauf der Führung können im Vorfeld mit dem Veranstalter individuell abgesprochen werden (z. B. Wunsch nach Mitarbeit der Kinder bei der inhaltlichen Aufbereitung der Stadtgeschichte). Die Führungen werden auf das Alter und die besonderen Interessen der Teilnehmer abgestimmt.

Otto der III. und die Hüterinnen der Unterwelt ...

im Reptilien-Zoo Burgweinting

Otto der I. war ein Exemplar aus dem Naturkundemuseum, Otto der II. wurde als Jungtier aufgezogen und fand besonders bei den Kindern großen Anklang, da er sich ohne Scheu frei im Raum bewegte und mit stoischer Ruhe ihre Begeisterungsrufe und die vielen feuchten kleinen Hände ertrug, die seine „geschuppte Lederhaut" streicheln wollten. Doch Otto der II. ist nicht mehr, es lebe Otto der III.! Er wurde von „privat" vor 5 Jahren erstanden und ist seinem jugendlichen Alter entsprechend noch etwas scheu. Mischte sich Otto der II. noch freimütig unters Volk, so meidet Otto der III. das Bad in der Menge, kein Wunder, denn in seiner Heimat wäre er wohl längst als Nahrungsmittel verspeist worden. Seine Besitzer sind jedoch dabei, ihn mit Geduld und Liebe eines Besseren zu belehren. Aus seinem Versteck hängt zumindest der Schwanz für die Kinder gut erreichbar von der Fensterbank, damit das „Anfassen können" nicht ganz ausfällt. Was aussieht wie ein Dinosaurier im Miniformat, entpuppt sich als ein „Grüner Leguan".

Zwei große schwülwarme Räume beherbergen zahlreiche Terrarien, in denen unterschiedliche Arten von Leguanen, Echsen, Schildkröten und Schlangen untergebracht sind. Anschauliche Informationstafeln bringen dem Besucher Besonderheiten, Nahrungsgewohnheiten und Verhalten der gezeigten Tiere näher.
Wir wenden uns den „Hüterinnen der Unterwelt", den Schlangen zu.
Dieses Wachpersonal wirkt nicht sehr vertrauenswürdig. Ob unbeweglich verharrend oder manisch aktiv – Schlangen jagen

Der aus Mittel- und Südamerika stammende Grüne Leguan ist eines der intelligentesten Reptilien. Schlau sieht er nun eigentlich nicht aus, aber als Baumbewohner muß er sich in seinem Lebensraum dreidimensional orientieren. Darum läuft seine sinnliche Wahrnehmung auf Hochtouren. Auch in seiner neuen Heimat, dem Reptilien-Zoo in Burgweinting, nützen Otto dem III. diese Fähigkeiten: sein gutes Ortsgedächtnis läßt ihn mit Leichtigkeit Freßplatz und Lieblingsecke finden und über Blickkontakt gelingt ihm die lebenswichtige Unterscheidung, welcher der Betreuer für die Nahrung zuständig ist.

Womit haben sich die Schlangen diesen beachtlichen Ruf verdient? War es die geräuschlose, langsame Gleitbewegung oder die unheimliche Kraft der Riesenschlangen, die ihre Opfer erdrosseln und dann verschlingen, oder war es die Angst vor Giftschlangen? Vielleicht handelt es sich schlichtweg um phantasievollen Rufmord?

Der Python stülpt den Kehlkopf wie einen Schnorchel an der Seite des Maules heraus und kann auf diese Weise atmen, während er das Schwein hinabwürgt. Nach gut einer Stunde ist die Beute verschlungen. Nach dieser Leistung braucht er aber auch etwa 2 Wochen, um den großen „Happen" zu verdauen.

uns auch hinter Glasscheiben noch einen gehörigen Respekt ein. Aber seit jeher haben die Schlangen Menschen nicht nur geängstigt, sondern auch fasziniert. In vielen Religionen kommt den Schlangen eine ganz besondere Bedeutung zu: Als Hüterin von Tempel und Unterwelt, als Schutzgeist, Sinnbild der Klugheit, als Glücksbringer, aber auch als Sinnbild des Bösen oder als *mythisches Ungeheuer*.

Nur 200 von 3000 Schlangenarten sind tatsächlich giftig und nur wenige davon dem Menschen ernsthaft gefährlich. Schlangenbisse, so informieren uns die „Hüter der Schlangen", gibt es auch in den giftschlangenreichen Gebieten der Erde recht selten. Auf der ganzen Welt werden jährlich weitaus mehr Menschen vom Blitz erschlagen, als von Giftschlangen gebissen. Ein Mensch kann monatelang durch den südamerikanischen Urwald marschieren, ohne auch nur eine Giftschlange zu sehen. Selbst hier in den Terrarien fällt die hohe Anpassungsfähigkeit an die Umgebung auf. Alle Giftschlangen beißen nur, wenn man sie reizt! Es gibt Giftschlangen, die selbst dann nicht beißen, wenn man sie in die Hand nimmt. Zu über 90% kommen Giftschlangenbisse zustande, weil mit ungeschützten Füßen auf die am Boden liegenden Tiere getreten wurde.

Bei unserem Rundgang vorbei an Schildkröten, Tannenzapfenechse und Klapperschlangen sind wir besonders gespannt auf die sogenannte Speikobra. Sie kann einem Angreifer ihr Gift direkt in die beiden Augen spucken; das verursacht eine Reizung, die sogar zur Blindheit führen kann, wenn man die Augen nicht sofort auswäscht! Ein Tier also, dem man sich ohne die schützende Glasscheibe nicht gerne nähern würde. Während des plötzlichen Vorschnellens des Kopfes sprüht die Schlange ein faszinierend kompliziertes Muster.

Besonders beeindruckend für die Kinder sind die Riesenschlangen, auch wenn sie sich oft untätig zusammengerollt präsentieren und ihre enormen Fähigkeiten nicht vorführen. Der Netzpython, mit einer Höchstlänge von ca. 9 m die größte Riesenschlange der Welt, wagt sich als hervorragender Schwimmer sogar in das offene Meer hinaus. Allen Riesenschlangen gemeinsam sind sensationelle *„Freßgewohnheiten"*. Mühelos kann ein 8 m langer Netzpython ein Schwein mittlerer Größe verschlingen.

So große Mahlzeiten gibt es für die Phytons im Burgweintinger Reptilien-Zoo nicht. Sie müssen sich mit Hasen oder Hühnern zufriedengeben. Wegen ihrer Freßgewohnheiten werden Riesenschlangen aber auch als nützliche Tiere angesehen, so auf einigen karibischen Inseln, wo die Boaschlange von Menschen angesiedelt wurde, um die Rattenplage zu bekämpfen.

Mit den Riesenschlangen beenden wir unseren Rundgang und sind eigentlich froh, daß es in unserem Land nur noch Kreuzotter und Ringelnatter als seltene Vertreter von Schlangen gibt.

Als besondere Attraktion zum Schluß liegen an der Kasse Schlangenhäute zum Verkauf, solange der Vorrat reicht. Die Auswahl schafft Probleme, wenn nur eine Klapperschlangenhaut da ist, sich aber 4 Kinder darum streiten. Schließlich ist jeder bedient und die leichten Häute fliegen auf dem Heimweg wie lange Fahnen hinter den rennenden Kindern her.

Kornnatter

Seit Urzeiten haben die Menschen sich Märchen, Legenden und Geschichten erzählt. Besonders interessant sind bis heute mündlich überlieferte Berichte von außergewöhnlichen Erlebnissen oder Ereignissen, aber ... sind sie auch wahr? Man muß vorsichtig sein, gerade wenn glaubhaft versichert wird, daß der Freund eines Freundes dabeigewesen sei!

Vielleicht kennt ihr einige dieser „modernen Sagen", beispielsweise die von der ahnungslos mitgekauften Vogelspinne im Bananenbündel? Diese Schauergeschichten geistern durch alle Länder und werden aus Lust an der Angst mit Begeisterung weitergereicht. Was haltet ihr von dem folgenden Erlebnis? Es eignet sich hervorragend zum Weitererzählen ... es könnte doch einem Onkel von euch passiert sein, oder?

Aus der Toilette blickte neugierig die Schlange Hertha

Eine von einem Tropenmediziner in Hamburg als Haustier gehaltene Regenbogenboa hat am Montag die 15 Mieter eines Hauses im Stadtteil Jenfeld stundenlang in Panik versetzt. Wie Polizei und Feuerwehr am Dienstag mitteilten, hatte der Mediziner die 1,50 Meter lange armdicke Schlange mit Namen Hertha zusammen mit drei anderen Boas im Badezimmer gefüttert. Dabei flüchtete Hertha.

Weil sich das ungiftige Reptil jedoch schon öfters versteckt hatte, machte sich der Schlangenbesitzer keine Gedanken und ging zur Arbeit. In der darunter liegenden Wohnung staunte der 30 Jahre alte Student Thomas Schneider nicht schlecht, als er den Toilettendeckel hochhob: Aus dem Becken sah ihn neugierig die Boa an. Geschockt schlug er den Deckel zu und spülte Hertha hinunter.

Feuerwehr und Polizei, die alarmiert wurden, zogen sogleich den Schlangenspezialisten Paul-Heinz Grünwald zu Rate, der den erschreckten Mietparteien erzählte, daß eine gerade gefütterte Boa durchaus ein halbes Jahr in dem Rohrsystem leben könne, da sie Fäkalien nicht stören würden und es in den Leitungen genug Stellen gebe, in denen gerade kein Wasser sei. Einige Mieter stellten Besen auf die Klodeckel, der im Falle, daß Hertha aufgetaucht wäre, polternd zu Boden gefallen wäre.

Schließlich wurde am späten Abend beschlossen, die Klospülungen bei allen Mietern in einer Art Daueraktion zu betätigen. Da Schlangen laut Grünwald nach dem Fressen in Ruhe verdauen wollen, waren die ständigen Wassergüsse Hertha offenbar zuwider. Das 1200 Mark teure Tier tauchte um Mitternacht wieder am Klobecken des Studenten auf, wurde von ihrem Besitzer herausgezogen und zurück ins Terrarium verfrachtet.   (AP)

Anschrift

Reptilien-Zoo (Verein für Herpetologie e. V.)
Obertraublinger Str. 25
Regensburg-Burgweinting
Tel. 09 41/7 69 29

Eignung

Ein Besuch im Reptilienzoo ist für alle Altersstufen interessant und bietet sich besonders bei Regen an. Während Kleinkinder schon allein von den Bewegungen der Tiere fasziniert sind, interessieren sich die Größeren für das fachlich sehr gut aufbereitete biologische Hintergrundwissen. Auf Wunsch sind für Gruppen oder besonders wissensdurstige Besucher auch Führungen möglich.

Erreichbarkeit

ab Fahrplanwechsel Mai 1995 mit den RVV-Linien 9, 11 und 31
bis Fahrplanwechsel Mai 1995 mit den RVV-Linien 11, 31 und 32
(jeweils Haltestelle Burgweinting Kirche)

Auskünfte: Regensburger Verkehrsverbund (RVV), Tel. 09 41/7 97 56 75

Öffnungszeiten

täglich von 10.00 – 18.00 Uhr

INFORMATIONEN

Hier war ich noch nie ...

Spielplatzgeschichten in Regensburg

„Schau mal!" Immer schneller werden die Beine und bewegen sich auf die Wehrtürme zu. Nichts wie hoch, durchlaufen, sich an den Seilen hochhieven – geschafft!
Wenige Meter dahinter eine Röhrenrutsche. Die Treppe aus alten Autoreifen hinauf und die Rutsche runter. Das macht Spaß!
„Schau doch, dahinten – ein Lager!" Kreisförmig angeordnete Sträucher mit offenem Eingang bieten Platz für drei Kinder. Fantastisch geschützt und zum Beobachten gut geeignet.
„Hinten gibt es einen Seilzug!" Ältere Kinder stehen an. Große Augen, ein Abwarten und dann... „Wieso schaffen die es, in Achterbahnen ans andere Ende zu gelangen?" Hinschauen – nachmachen – erklären lassen. Gleich nebenan der Wasserspielplatz. Um den kommen wir nicht herum. Schuhe und Strümpfe ausziehen, Hose hochkrempeln und Wasser wird gepumpt, Wasser wird umgeleitet, Wehre gebaut. Selten spielen Kinder aller Altersstufen, egal ob Buben oder Mädchen, so intensiv miteinander. Der Abschied fällt schwer. Ein Wiedersehen ist sicher und muß schon jetzt versprochen werden!

Alle Spielplätze, die wir hier vorstellen wollen, bieten in der einen oder anderen Form diese Attraktionen. Wir haben festgestellt, daß es sowohl für die Kinder als auch für die Eltern ein kleines Abenteuer und ein schönes Erlebnis ist, einmal nicht den Spielplatz um die Ecke zu besuchen, sondern einen Kurzausflug zu einem der wunderschönen, meist neueren Spielplätze zu machen. Schon die Fahrt mit dem Stadtbus oder dem Rad zum unbekannten oder schon begeistert erprobten Ziel ist für viele Kinder etwas Besonderes. Am Platz angekommen, gilt es Spielgeräte auszuprobieren, wobei die Kinder oft von ganz alleine neue Spielideen entwickeln. So können die Eltern Zeit für sich gewinnen. Besonders erfolgreich ist dies, wenn man Freundin und Freund der Kinder einlädt mitzukommen.

Die folgenden Spielplätze haben, jeder für sich, ihren Reiz. Um das eigene Erleben nicht vorwegzunehmen, haben wir immer nur einzelne Spielmöglichkeiten beschrieben. Auf allen Plätzen gibt es aber auch die traditionellen Spielgeräte wie Schaukel, Seilzug, Sandkasten und Rutsche.

Wasserspiele und Ritterburg in der Nähe der Chamer Straße

Die wirklich prächtige Burganlage mit drei Wehrtürmen und allem, was eine anständige Ritterbehausung ausmacht, erzeugt sofort Kampfstimmung: die einen verteidigen, die anderen wollen erstürmen. Nach anfänglichem Gerangel entschließen sich die Kinder aber doch, die Anlage gemeinsam zu nutzen. Die Zusammenarbeit klappt am besten bei der Wasserpumpe mit ihren umfangreichen Stauanlagen (Ersatzkleidung mitnehmen!). Viel anderes Sehenswertes gibt es, vor allem der attraktive Kleinkinderbereich muß noch erwähnt werden.

Anfahrt: Linie 1, nach einem kurzen Aufenthalt an der Endhaltestelle Pommernstraße, evtl. zum Umsteigen in den zuerst abfahrenden Bus nutzen, bis zur Haltestelle Ostpreußenstraße. Wenige Meter auf der Straße zurück, links den Schotterweg, vorbei an Feldern, erreicht man nach wenigen Minuten den hinter einem Hügel verborgenen Spielplatz. Linie 6 (ab Fahrplanwechsel Mai 1995 Linie 3), Haltestelle Kötztinger Straße, ein Stück weiter in Fahrtrichtung, kurz vor der Ostpreußenstraße rechts in den Parkweg.

Anfahrt: Linie 8 (ab Fahrplanwechsel Mai 1995 Linie 10), Haltestelle Hohes Kreuz. Weiter in Busfahrtrichtung, An der Irler Höhe rechts abbiegen und nach der 2. Straße links in die Parkanlage hinein.

Die Türme in der Spielanlage Ostheim…

… locken mit ihren prächtigen Farben Rot, Gelb, Blau, Orange auch die älteren Kinder auf den Kleinkinderspielturm mit seinen vielfältigen Röhren und zwei Flaschenzügen, um Sand hochzuziehen und runterrieseln zu lassen. Im Spielbereich der Größeren gibt es Spieltürme mit Brücken, Klettergeräten und einem kleinen Holzhaus in luftiger Höhe. Hier wird munter „verkauft" und über die Balken geturnt. Ein kleiner Wermutstropfen bei diesem Ausflug: die heißgeliebte Wasserpumpe widersteht den heftigen Anstrengungen und funktioniert nicht.

Spielplatz Oberer Wöhrd

Anfahrt: Linien 2 und 11, Haltestelle Benzstraße. Gleich neben der Haltestelle führt ein parkähnlicher Fußweg nach Süden zum Platz.

Anfahrt bis Fahrplanwechsel Mai 1995: Linien 8 und 16, Haltestelle Von-Richthofen-Straße und Konrad-Adenauer-Allee (nur Linie 8) und Linie 10, Haltestelle Kaiser-Friedrich-Allee. Ab Fahrplanwechsel Mai 1995: Linie 8, Haltestelle Kaiser-Friedrich-Allee und Linie 16, Haltestelle Von-Richthofen-Straße.
Der Spielplatz liegt im Norden des Parks, angrenzend an die Boelcke-straße.

Eine Insel und viele Autoreifen in der Nähe der Benzstraße ...

... herrlich zum Toben und Kräfte-Erproben. Zuerst laufen die Kinder zur Wasserpumpe. Sie steht auf einer kleinen Erhöhung und nach kräftigem Pumpen ist die Rinne außenherum mit Wasser gefüllt. Die „Schiffsbrüchigen" springen an Land und leiten das Wasser weiter in den angrenzenden Sandplatz, wo es den „Burggraben" anderer Kinder füllt. Zahlreiche Kletter- und Balanciergeräte, Türme aus LKW-Reifen und ein attraktives Spiel- und Kletterhaus für Kleinkinder lassen den etwas düsteren Eindruck des dunkelgebeizten Holzes schnell vergessen.

Spannung im Hegenauerpark

Glitzernd im Hang, sticht die Tunnelrutsche sofort ins Auge. Hinunter geht's in rasanter Fahrt zur Spielburg. Ein Bauelement wird zum Schiff und die Kapitäne stechen in See. Drei Säulen ziehen die Aufmerksamkeit auf sich. Neugierig suchen die Kinder, was man damit wohl machen kann, und finden Düsen, mit denen sich herrlich spritzen läßt.
Der Reiz des Spielplatzes liegt aber besonders in seiner Umgebung. Im Hegenauerpark können die Kinder ein Stück „natürlicher" Landschaft in der Stadt erleben. Von Süden her fließt ein Bach, eingebettet in eine schöne Steinlandschaft und artenreiche Wildblumenwiesen und lädt zur Mutprobe ein: Wer schafft es rüberzuspringen? Er mündet in einen See, dessen Entenbevölkerung rasch durch die Seerosen herbeischwimmt, um Futter zu erbetteln – ein Wunsch, dem man jedoch nicht nachgeben sollte.

Ein Kletterparadies am Rennplatz ...

... das Kinder ab etwa vier Jahren kaum wieder verlassen wollen. Aber auch für die Jüngeren bietet das Rennplatzareal auf den anderen, kleineren Spielanlagen Interessantes und Seltengesehenes. Ein Spaziergang macht Spaß auf der Westseite zum See, hinter dem sich die Attraktion „Baggerspielplatz" befindet, zurück durch die Mittelachse, wo unter anderem die Kletterspinne für Kleinkinder und eine Sanduhr locken, zum östlichen Randbereich mit dem „Ruinenspielplatz".

Vor der Heimfahrt jedoch nochmals zur Südwestecke, dem Ausgangspunkt. Türme mit mannigfaltigen Klettermöglichkeiten trutzen am Wall im Süden. Die Riesenkletterspinne mit Ledersitzen und ebenso die Wasserpumpe lassen Kinderherzen höherschlagen.

Anfahrt: Linie 1, Haltestelle Rennplatz. Wenige Meter noch an der Prüfeninger Straße entlang, die Schönwerthstraße überqueren und schon ist man unter den alten Bäumen, die den Spielplatz nach Osten begrenzen.

Spielplatz Rennplatz

Radeln zum Spielplatz im Inselpark Oberer Wöhrd ...

... finden die Kinder besonders toll. Auch sie haben bereits einen Blick für die landschaftliche Lage unter großen, alten Bäumen nahe der Donau und den zahlreichen Wiesen drumherum. Der Platz bietet als einziger in unserer Auswahl auch im Hochsommer Schatten oder zumindest Halbschatten. Die Spielgeräte sind zwar schon etwas älter, regen die Phantasie aber um so mehr an. Von den Kindern bewundert nützen die Erwachsenen den angrenzenden Trimm-Dich-Pfad zum kleinen Konditionstraining.

SPIEL MAL!

Mikado mit Stöckchen

Sammelt am Boden liegende Stöckchen von Sträuchern und Bäumen. Wie bei Mikado hält ein Spieler alle Stäbe in beiden Händen und läßt sie plötzlich los. Die Stäbe fallen kreuz und quer, liegen auf- und nebeneinander. Reihum versucht nun jeder Spieler, ein Stäbchen, ohne ein anderes zu berühren, aufzunehmen.

Blattsauger

Blätter gibt es überall. Strohhalme kann man problemlos in den Rucksack stecken. Versucht nun, in einer bestimmten Zeit möglichst viele Blätter mit dem Strohhalm aufzusaugen und zu horten.

Bäckerladen

Eröffnet einen Bäckerladen und verziert eure selbstgebackenen Kuchen und Torten mit Steinen, Stöckchen und Blättern. Sucht auf dem Spielplatz eine passende Stelle, die als Ladentisch dienen kann; Tüten werden aus Blättern oder Papier gedreht, Steine werden zu Geld.

Schatzsuche

Laßt euch in einem abgesteckten Feld im Sandkasten Schätze vergraben. Es ist schwerer als man denkt, die Pfennige, Steine oder Herbstfrüchte wiederzufinden.

Wo die Räuber hausten ...

in der Räuberhöhle bei Etterzhausen

Es ist stockfinster, als wir mit unseren vor Aufregung etwas zaghaften Kindern die Steintreppen hinuntersteigen. Unsere Fackeln beleuchten nicht wie erwartet eine leere Felsenkuppel, sondern mit Kerzen und Teelichtern ausgefüllte Felsspalten. Eine große lange Tafel, auf der Reste von Essen und geleerte Bierflaschen zurückgelassen wurden, zieht sich quer durch die Höhle. Die Atmosphäre eines rauschenden Festes liegt in der Luft und beeindruckt die Kinder: „Gibt es hier doch noch Räuber?" Es macht uns Spaß, die Ungewißheit noch zu schüren. Aber als ein Trupp sichtbar mitgenommener junger Leute erscheint, um gewissenhaft die Hinterlassenschaften zu entsorgen, können wir die „Mär" von den Räubern nicht mehr glaubhaft vertreten.

In der Räuberhöhle feiern heutzutage in tiefer Nacht Studenten Geburtstag und Familien den nachmittäglichen Kindergeburtstag! Denn wo sonst könnte man den Tag zur Nacht machen und Kindern zu angemessener Tageszeit ein richtiges Lagerfeuer bieten?

Von der großen Höhle, früher „das alte Haus" genannt,

„.. wurde schon viel gefabelt; bald sollte sie zu einem Vehmgericht, bald zur wirklichen Wohnung, bald für Raubritter und Aufenthalt von Räubern überhaupt und bald für Schatzgräber gedienet haben ... Ihr gegenüber wirft eine mächtige Felsenspalte Licht in die Grotte und bietet freundlichen Ausgang zum schmalen Pfade an schroffer Felsenwand, einer kleinen Höhle zu, die alte Küche genannt. Er führt wieder zum erquickenden Leben unter das heitere Himmelszelt im reizendsten Naturgemälde."

Forster:
Beschreibung von Etterzhausen

Schon 1813 war die Höhle sehr beliebt und wurde in der Regensburger Zeitung beschrieben. Zu dieser Zeit waren noch viele Tropfsteine in der Höhle zu finden.

Um 1830, so berichtet der Ortsheimatpfleger Knott, sollen sich dort wirklich Schatzgräber aufgehalten haben. Ein Bauernjunge führte sie dorthin. Als nun die Polizei eintraf, türmten die Schatzsucher, und beim Versuch, ebenfalls zu entkommen, wurde der Bauernjunge durch einen Schuß niedergestreckt. Doch nicht nur solch grausige „Räuberpistolen" sind von der Höhle in Erinnerung geblieben, die älteren Einwohner von Etterzhausen können sich gut daran erinnern, daß dieser Ort in Not- und Kriegszeiten öfters zum Schutz aufgesucht wurde. Dies war auch beim Einmarsch der Amerikaner im April 1945 der Fall.

Die Tour zur Räuberhöhle führt über den Donauradweg bis zur großen Eisenbahnbrücke über die Donau zum Naabufer. Das Schieben und Gehen zur Brücke hinauf und die Überquerung auf dem schmalen Fußpfad ist für die Kinder eine willkommene Abwechslung. Es geht hinunter zur Wallfahrtskirche von Mariaort und weiter an der Naab entlang über Waltenhofen bis nach Etterzhausen. Wenn man Glück hat, kann man unterwegs Flug- und Landemanöver von Graureihern beobachten. In Etterzhausen biegt man an der Hauptstraße rechts ab und erreicht bei der nächsten Straße links wieder das Naabufer. Die Straße endet hinter Etterzhausen an einer rot-weißen Sperre und führt als Feldweg links in den Wald hinein. Bei der ersten Gabelung im Wald hält man sich links an den Hauptweg, der direkt bei der Räuberhöhle endet.

Wir haben die Räder an dieser Gabelung stehen lassen, denn es wird etwas steiler und es bleiben nur wenige Schritte bis zum Ziel.

Zu Hause bereiten wir ohne die Kinder eine Schatzkarte vor. Über einer Kerze werden die Ränder vorsichtig angesengt, bis das Papier braune „Altersflecken" bekommt. Auf der Karte wird der Schatz markiert, der sich gut in der großen Felsspalte der Höhle verstecken läßt. Am Waldesrand geht ein Erwachsener voraus, um den weiteren Weg für die Kinder mit bunten, am Wegrand aufgehängten Fäden zu markieren und Schatz und Karte zu verstecken. Die Kinder suchen nun den Weg zur Räuberhöhle selber. Beim letzten Faden entdecken sie die Karte und es sind nur noch wenige Schritte bis zum Eingang der Höhle.

Mit Fackeln, Kerzen oder Taschenlampen geht es nun die Treppen in die dunkle Höhle hinab; die Wände werden abgeleuchtet, bis die Felsspalte entdeckt wird. Bei einem Lagerfeuer und am Spieß gebratenen Würstchen kann der gehobene „Schatz" dann in Ruhe gerecht verteilt werden.

Im Walde von Toulouse

(Im Wald von Etterzhausen)

T. u. M.: volkstümlich aus Frankreich

**SING
UND SPIEL MAL!**

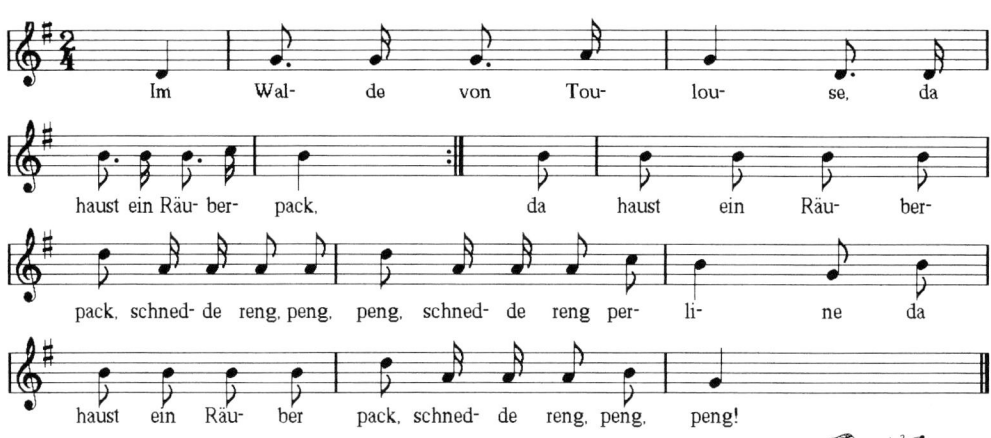

Im Wal- de von Tou- lou- se, da haust ein Räu- ber- pack, da haust ein Räu- ber- pack, schned- de reng, peng, peng, schned- de reng per- li- ne da haust ein Räu- ber pack, schned- de reng, peng, peng!

2. Es waren ihrer fünfzig, verborgen im Gebüsch.
3. Sie sprachen zueinander: „Schau nach, ob einer kommt!"
4. „Ich sehe einen kommen, der sitzt auf hohem Roß"
5. „Mein Herr, bleibt bitte stehen! Wo habt ihr euer Geld!"
6. „Ich hab's in meiner Börse, ich hab's in meinem Rock!"
7. „So gebt denn eure Börse, sonst legen wir euch um!"
8. „So nehmt denn meine Börse, doch laßt das Leben mir!"
9. Im gleichen Augenblicke, da kam die Polizei.
10. Da hoben alle Räuber ganz schnell die Hände hoch.
11. im Wald(e) von (Toulouse) Etterzhausen gibt's keine Räuber mehr.
12. Sie sitzen im Gefängnis bei Wasser und bei Brot.

INFORMATIONEN

Länge der Radltour

ab Stauwehr bis zur Räuberhöhle:	ca. 9 km
Fußweg Bahnhof Etterzhausen – Räuberhöhle:	ca. 2 km

Eignung

Die Radtour zur Räuberhöhle ist gut geeignet für Familien mit Kleinkindern, die daran gewöhnt sind, im Kindersitz mitzufahren, und für Familien mit selbstfahrenden Kindern, die schon etwas Kondition mitbringen. Da die gesamte Strecke am Flußufer (Donau/Naab) entlangführt, gibt es bis auf die Brückenüberquerung keine Steigungen.

Die gesamte Tour ist als Halbtagestour von ca. 3 Std. (ohne Einkehr, mit einfacher Höhlenbesichtigung) oder als Ganztagestour von ca. 6 Stunden (mit Schatzsuche, Lagerfeuer, Picknick und Einkehr) möglich.

Erreichbarkeit

Die Räuberhöhle läßt sich auch mit dem Zug gut erreichen (vgl. Fahrplanvorschläge auf dem Beiblatt). Die Strecke vom Bahnhof bis zur Höhle ist zu Fuß (auch mit Buggy) gut zu bewältigen.

Die Züge halten auch in Regensburg-Prüfening!
Fahrtdauer: ca. 10 Minuten

Fahrpreisbeispiele:

Erwachsene Regensburg – Etterzhausen mit BahnCard: 1,50 DM
RVV-Streifenkarte: Zone 3 (Erwachsene 4 Streifen, Kinder 2 Streifen)
RVV-Tageskarte: Sa/So 4,00 DM (für 2 Erwachsene und eigene Kinder bis 15 Jahre).

Auskünfte: Regensburger Verkehrsverbund (RVV), Tel. 09 41/7 97 56 75

Einkehrmöglichkeiten

Schloßrestaurant, Tel. 0 94 04/31 71
Gasthaus „Zur alten Brücke", Tel. 0 94 04/15 07

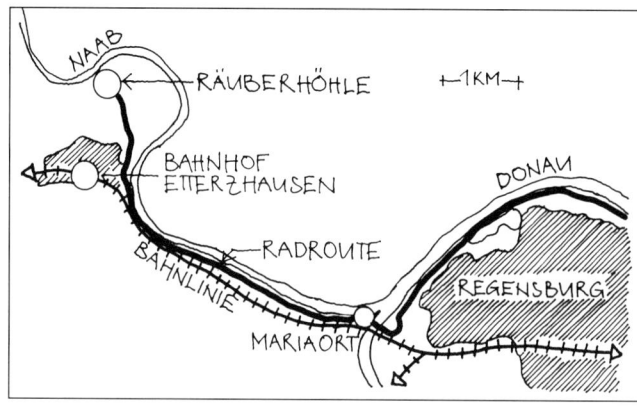

Zwei muntere Gesellen ...

auf ihrem Weg zur Donau
von Bernhardswald nach Sulzbach

Die hier beschriebene Wanderung ist ein gutes Beispiel für die Flexibilität eines Ausfluges ohne Auto. Denn wie oft hat man sich schon darüber geärgert, bei Wanderungen stets wieder zum Ausgangspunkt zurückkehren zu müssen. Nicht so bei unserer Wanderung durch die beiden idyllischen Täler des Sulzbaches und des Otterbaches, bei der uns zwei verschiedene RVV-Linien aus der Stadt heraus und wieder in die Stadt hinein bringen.

Um die Voraussetzungen für eine intensivere Landnutzung zu schaffen, wurden in der Vergangenheit viele Bachläufe ausgebaut und begradigt – das Ufergrün wurde häufig beseitigt. Dies gilt nicht für unsere beiden „munteren Gesellen" im Vorwald. Am Ufer der Bäche finden sich noch typische Aue-Gehölze wie Grauerlen, Eschen und verschiedene Weidenarten. In den ungestörten und natürlich bewachsenen Uferbereichen, den Naßwiesen und Hochstaudenfluren sind viele seltene Libellenarten, zum Beispiel die Gebänderte und die Blauflügel-Prachtlibelle, aber auch Käfer, Heuschrecken und Schmetterlingsarten in ungeahnter Vielfalt zu Hause.

An der Haltestelle „Gasthaus Lingauer" folgen wir in Fahrtrichtung der roten Markierung und biegen gleich nach rechts auf einen unterhalb der Straße geführten Fuß- und Radweg ab. Nach wenigen hundert Metern zweigt am „Ziegelhäusl" nach links der blau markierte Wanderweg zum Ellbogenbauern ab. Am Ende des Neubaugebietes beginnt der schöne Abstieg hinunter ins Ellbachtal. Unten an der Straße angekommen wenden wir uns nach links und folgen – entgegen unserer eigentlichen Wanderrichtung – dem Wegweiser zum Gasthof „Ellbogenbauer". Die idyllische Lage der Ausflugsgaststätte und der schön gelegene Spielplatz verführen fast dazu, den ganzen Nachmittag hier zu verweilen.

Wieder an die Hauptstraße zurückgekehrt, wird uns nun die grüne Wegmarkierung bis zur Hammermühle begleiten.

Die höchst abwechslungsreiche und gut markierte Wanderstrecke führt teilweise über oft nur erahnbare Wurzelpfade durch romantischen Hochwald, dann wieder am Waldrand entlang mit Blick auf den von Weiden und Erlen gesäumten Sulzbach, der sich munter durch sein grünes Wiesenbett schlängelt. Es lohnt sich, mit Kindern über die Wiese zum Bach zu gehen. Es ist schön, sich ans Ufer zu setzen und das Strudeln des Wassers, das Umspielen der Steine und die Bewegungen der ins Wasser hängenden Weidenzweige zu beobachten. An vielen Stellen kann man bedenkenlos ins Wasser gehen oder sogar den *Bach* überschreiten.

Nach einiger Zeit ändert sich die Charakteristik des Wanderweges. Zur Bewirtschaftung des östlichen Randes des Kreuther Forstes war es offensichtlich nötig, einen breiten Forstweg anzulegen. Doch dem intensiven Naturgenuß in der Abgeschiedenheit des Tales tut dies keinen Abbruch.

An unsere Ohren dringen nun immer häufiger die Geräusche fahrender Autos. Auch einige Höfe auf hochgelegenen Wiesen lassen erahnen, daß wir uns wieder der Zivilisation nähern. Wir erreichen bald die Staatsstraße, biegen nach links ab, überqueren den Sulzbach und machen am kleinen, unmittelbar am Bach gelegenen Freisitz eines Wirtshauses am Ortseingang von Unterlichtenwald inmitten einer Schar frecher Hühner Rast.

Wenige Meter davon entfernt mündet der Sulzbach in den Otterbach, den man übrigens Mitte des letzten Jahrhunderts ebenfalls noch Sulzbach nannte.

Der grün markierte Wanderweg führt uns nun, an einer sanierten ehemaligen Roggen- und Weizenmühle vorbei, über eine kleine Brücke etwas rückläufig auf den höher gelegenen Wanderweg oberhalb des Otterbaches. Die Früchte zahlreicher Brombeersträucher versüßen uns den Weg über die Neumühle zur Hammermühle. Aufgrund der schluchtartigen Enge des Tales fühlen wir uns fast wie im Hochgebirge. Der Otterbach fließt an diesem Spätsommertag zwar eher gemächlich dahin. Doch in Zeiten starken Wasserlaufes wird aus dem Otterbach ein reißendes Wasser, in dem sich selbst Erwachsene kaum aufrecht halten können! Die älteren Leute von Sulzbach und Umgebung können ein Lied davon singen, welches Unheil solch ein Bach anrichten kann! So sorgten beispielsweise im Jahr 1954 anhaltende Regenfälle für ein verheerendes Jahrhunderthochwasser im Otterbachtal, bei dem alle Verbindungen nach Norden und Westen unterbrochen wurden und die Sulzbacher nur noch über die Hohe Linie und den Keilberg nach Regensburg kamen.

An der *Hammermühle* sind wir am Ende des engen dunklen Tales angelangt und genießen von der Brücke aus den Blick auf den wunderschönen Biergarten, die Wiesenlandschaft und den langgestreckten Scheuchenberg.

Für die letzte Wanderstrecke nach Sulzbach wählen wir den Fuß- und Radweg unterhalb der Staatsstraße, der uns über ein neueres Baugebiet zur Ortsmitte führt. An der Scheuchenbergstraße biegen wir nach links ab und erreichen nach wenigen Metern die Bushaltestelle „Bäckerwirt". Die an der Staatsstraße nach Regensburg gelegene Haltestelle „Neue Brücke" kann man in wenigen Minuten über die Schulstraße erreichen.

Bis zur Abfahrt des Busses verweilen wir unter der Dorfkastanie am Maibaum. Der Blick von der nahegelegenen Brücke auf den einbetonierten Otterbach ist eher ernüchternd. Es ist kaum zu glauben, daß es sich um den gleichen Bach handelt, der sich noch wenige Kilometer oberhalb frei durch sein natürliches Flußbett geschlängelt hat.

Seit dem 16. Jahrhundert nutzte man in verstärktem Maße die Kraft des strömenden Wassers durch technische Einrichtungen. So entstanden auch Hammermühlen, deren Räder sich geschäftig im Fluß drehten und die großen Eisen- oder Kupferhämmer zur Eisenbearbeitung in Betrieb setzten.

Die Hammermühle bei Sulzbach wird bereits seit dem 14. Jahrhundert urkundlich erwähnt. Ihr Mühlrad wurde bis 1923 vom Otterbach angetrieben. Der eigens ab der Neumühle angelegte Mühlbach verlief bis oberhalb des Mühlrades mit leichtem Gefälle, stürzte dann mehrere Meter tief auf das Rad und setzte es in Betrieb. Im Jahre 1923 wurde die Anlage zu einer modernen Kunstmühle umgebaut, die in den kommenden Jahren vor allem Flußspat, der in den Gruben auf dem Sulzbacher Dachsberg abgebaut wurde, zu mahlen hatte. Doch bereits Anfang der Dreißiger Jahre wurde auch die Spatförderung eingestellt und das Schicksal der alten Mühle war besiegelt. Im Laufe der Jahrzehnte wurde die Anlage immer mehr zu den Wirtschaftsgebäuden umgebaut, wie sie auch heute noch zu sehen sind.

SPIEL MAL!

Kamera
Alter: ab 5 Jahre

Dieses Spiel vermittelt eine ganz besondere Art der Naturbetrachtung: Ein Spieler übernimmt die Rolle des Fotografen, der andere spielt die Kamera. Während der Fotograf die Kamera an den Händen führt, hat diese ihre Linse (die Augen) geschlossen. Hat der Fotograf ein besonders schönes und interessantes Bildmotiv gefunden, so richtet er die Linse darauf, wählt den Bildausschnitt und drückt auf den Auslöser, beispielsweise durch Schulterklopfen oder Ohrläppchenziehen.

Dann öffnet sich die Linse und die Kamera kann das Bild für 3 – 5 Sekunden belichten. Der Fotograf hat für seine Aufnahmen ungefähr 10 Minuten Zeit (alternativ kann auch eine bestimmte Anzahl von Fotos vereinbart werden), dann werden die Rollen getauscht.

Es ist wichtig, daß die Kamera die Linse zwischen den Aufnahmen geschlossen hält, so daß die Aufnahme des Bildes überraschend kommt. Die Belichtungszeit darf nicht zu lang sein, damit die Gedanken der Kamera nicht abschweifen und der Effekt des Bildes abgeschwächt wird. Wichtig ist, daß beide Spieler nur reden, wenn es unvermeidlich ist, da die bei absoluter Stille entstehenden Bilder wesentlich mehr Eindruck hinterlassen. Der Kreativität und Phantasie sind beim Fotografieren keine Grenzen gesetzt. So können sich Fotograf und Kamera beispielsweise unter einen Baum legen und nach oben knipsen, oder die Kamera für eine Nahaufnahme ganz nah an eine Baumrinde oder eine Blüte heranbringen.

Das Kameraspiel arbeitet statt mit verbalen Erläuterungen mit Naturerfahrungen; so können kleine Kinder genausogut mitmachen wie Erwachsene.

J. Cornell: Mit Kindern die Natur erleben

Sockentest
Alter: ab 5 Jahre

Bei trockenem Wetter werden große Socken mitgenommen, die man über die Schuhe streifen kann. Wenn bei einer Wanderung beispielsweise über eine abgemähte Wiese gelaufen wird, lassen sich später wundervolle Dinge entdecken, die an den Socken hängengeblieben sind. Besonderen Spaß macht es, gefundene Samenkörner zu Hause in einen Topf mit Erde zu stecken. Nach täglichem Gießen wird man nach einigen Tagen erstaunt sein, was alles wächst.

Umweltbundesamt: Spaß am Umweltschutz

Länge der Wanderung
ca. 10 km

Eignung
für wanderfeste Kinder ab 7 - 8 Jahren; die Strecke ist für Buggies, Kinderwägen etc. nicht geeignet

Erreichbarkeit
Hinfahrt: RVV-Linie 34 Richtung Lehenfelden/Falkenstein;
Ausstieg: Haltestelle Bernhardswald Gasthaus Lingauer

Rückfahrt: RVV-Linie 5 ab Sulzbach, Haltestellen Bäckerwirt oder Neue Brücke
Fahrtdauer: 30 – 40 Minuten

RVV-Streifenkarte:
Hinfahrt Zone 4 (Erwachsene 5 Streifen, Kinder 3 Streifen)
Rückfahrt Zone 3 (Erwachsene 4 Streifen, Kinder 2 Streifen)
RVV-Tageskarte: Sa/So 6,00 DM (für 2 Erwachsene und eigene Kinder bis 15 Jahre).

Auskünfte: Regensburger Verkehrsverbund (RVV), Tel. 09 41/7 97 56 75

Einkehrmöglichkeiten
Ellbogenbauer (Freitag und Sonntag Ruhetag), Tel. 0 94 07/25 65
Gasthaus Poiger, Unterlichtenwald, Tel. 0 94 03/86 48
Hammermühle, Tel. 0 94 03/39 29

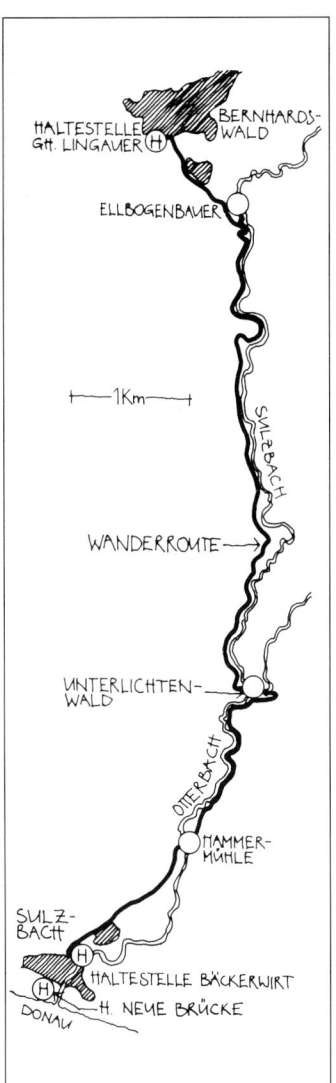

69

Alle Vögel sind schon da ...

im Kurpark Bad Abbach

Alle Vögel? Nein, nicht alle, aber so viele, daß man nicht weiß, wo zuerst hinschauen. In der Freiflughalle werden wir von lautem Zwitschern und Jubilieren empfangen, kleine und große „Tiefflieger" sausen knapp über die Köpfe hinweg, winzige Zebrafinken tummeln sich in den auch für Kinder gut einsehbaren Futterhäuschen, mühen sich ab mit schwerem Nistmaterial, Nymphensittiche rotten sich auf den Stangen zusammen, die großen afrikanischen Turakos halten sich lieber versteckt und wechseln mit ihren rot aufleuchtenden unteren Flügelflächen nur manchmal die Hallenseiten, Papageien verlieren bei ihren Bremsmanövern die eine oder andere bunte Feder, besonders vorwitzigen Zebrafinken gelingt souverän eine Zwischenlandung auf den träge vor sich hindümpelnden Schildkröten im Wasserbecken. Das Interesse für die Schildkröten hält bei unseren Kindern nicht sehr lange an, denn es ist ja viel lustiger, mit hochgekrempelten Ärmeln in die zwei Wasserbecken hineinzulangen, herumzupritscheln und nach den Kieseln am Grund zu fischen. Kleine Sitznischen laden die Erwachsenen zum Beobachten der Vögel und zum erholsamen „Ratschen" ein.

Der Kurort Bad Abbach, nur 7 km südlich von Regensburg im Donautal gelegen, kann auf eine geschichtsträchtige Vergangenheit zurückblicken. Die heilende Kraft der Schwefelquellen nutzten bereits die badekundigen Römer. Funde römischer Münzen und Ziegelscherben haben dies bewiesen. Auch Kaiser Karl V. suchte hier durch die Wunderkraft des Schwefelwassers Heilung. 1949 wurde vom Bayerischen Roten Kreuz der Kurbetrieb übernommen und nach neuesten Erkenntnissen ein Rheumazentrum mit Modellcharakter errichtet.

Unsere Bushaltestelle liegt direkt am Kurpark. Er ist weiträumig angelegt und zieht sich vom Kurhaus an einem Bachlauf mit Wasserspielen, an Wildgehegen mit einem See, der unterschiedlichste Arten von Federvieh beherbergt (Fütterung erlaubt!) entlang bis zur Freiluft-Voliere. Neben diesem Vogelhaus, in dem exotische Vögel frei fliegen, finden sich noch kleinere Volieren mit kuriosen Hühnerarten und Fasanen. Die Grünflächen werden von freilaufenden, sehr zahmen Kaninchen bevölkert. Am Rande des Parks sind Arkadengänge angelegt, damit ein Spaziergang auch bei regnerischem Wetter möglich ist. Alle Wege sind für Rheumakranke oder orthopädisch eingeschränkte Patienten konzipiert und daher auch für Rollstuhlfahrer, für Kinderwagen und Buggy bestens geeignet.

An einen Rosengarten und einen liebevoll gepflegten Kräutergarten mit gemütlichen Ruhebänken schließt sich ein Minigolfplatz mit Kiosk an. Leidenschaftliche Schachspieler können eine Partie auf dem überdimensionalen „Freiluftschachbrett" versuchen.

Der Kurpark in Bad Abbach ist das ganze Jahr über geöffnet.

Zwischenlandungen

BASTEL UND SPIEL MAL!

Eier
- auf Sand gelegt (Sandregenpfeifer)
- in hängenden Beuteln (Beutelmeise)
- in Lehmröhre am Ufer (Eisvogel)
- zwischen Schilfstengeln (Schilfrohrsänger)
- im Schwimmnest (Haubentaucher)
- auf Felswänden (Wanderfalke)
- im Baumkronennest (Bussard)
- im Lehmnest an der Hauswand (Mehlschwalbe)
- in Baumhöhlen (Specht)
- in dichten Nadelbäumen (Kreuzschnabel)
- im Hängenest zwischen Astgabeln (Pirol)
- im Nest im Dickicht (Zilpzalp)

Nestbaumemory

Vögel bauen Nester, um ihre Eier und ihre Jungen zu schützen. Sowohl Ort und Art des Nestes als auch des Nistplatzes sind sehr vielfältig. In der Freiflughalle lassen sich besonders die Zebrafinken gut beim Nestbau beobachten. Mit dem nachfolgenden Nestbaumemory könnt ihr die verschiedenen *Nestsorten* auseinanderhalten.

Die verschiedenen Nester und Nistplätze werden je zweimal gemalt oder kopiert, auf Karton geklebt, gemischt und mit der Bildseite nach unten gelegt. Die Spieler versuchen nun, gleiche Bildpaare aufzudecken. Werden zwei verschiedene Paare aufgedeckt, kommt der nächste Teilnehmer dran.

Variante für Fortgeschrittene:
Das gefundene Paar darf nur behalten werden, wenn man die dazugehörige Vogelart nennen kann.

Landesbund für Vogelschutz: Kleine Vogelkunde.

zwischen Sand und Steine

in hängenden Beutelnestern

in Lehmröhren am Ufer

zwischen Schilfstengel

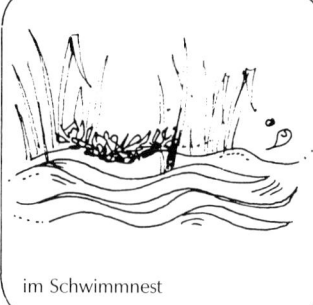
im Schwimmnest

auf Felswände

Erreichbarkeit

mit RVV-Linie 16 Richtung Bad Abbach - Peising /Oberndorf
Haltestelle Bad Abbach Post oder Kaiser-Therme
Fahrtdauer: ca. 25 Minuten

RVV-Streifenkarte: Zone 3 (Erwachsene 4 Streifen, Kinder 2 Streifen)
RVV-Tageskarte: Sa/So 4,00 DM (für 2 Erwachsene und eigene Kinder
bis 15 Jahre)

Auskünfte:
Regensburger Verkehrsverbund (RVV), Tel. 09 41/7 97 56 75

Öffnungszeiten

Der Kurpark ist ganzjährig geöffnet.

INFORMATIONEN

im Baumkronen-Nest

im Lehmnest an Hauswänden

in Baumhöhlen

in dichten Nadelbäumen

im Hängenest zwischen Astgabeln

im Nest im Dickicht

Kein Meister ist je vom Himmel gefallen ...

rund um die Walhalla bei Donaustauf

Eines Tages sagte der kleine Strolch zu seiner Mama: „Paß mal auf, ich brauche unbedingt ein Rad!" „Hmm", machte die Mutter, „Warum brauchst du denn unbedingt ein Rad?" „Ich brauche es, um im Park herumzudüsen, und ich muß an der Donau entlangradeln und ich will meine Freundin besuchen und einen abenteuerlichen Ausflug machen ..." Der kleine Strolch konnte schon perfekt Roller fahren, war sehr umsichtig, und so bekam er wenig später ein Rad. Schwierig war es! Manchmal fiel er um. Aber niemals ist ihm was passiert, weil er seinen glänzenden, pinkfarbenen Helm aufhatte. Bald war er ein Meister. Er konnte geradeaus fahren, den Berg rauf und runter radeln und quietschend bremsen. Die Kurven nahm er klingelnd und in Schräglage wie ein Motorradfahrer. Er düste im Park herum, radelte an der Donau entlang, besuchte seine Freundin und rief dann: „Nun aber muß ich einen abenteuerlichen Ausflug machen!"

In Regensburg ist es nicht so leicht, mit „kleinen Strolchen" sichere Strecken für einen ersten längeren Ausflug zu finden. Eine ideale Übungsfahrt ist der Radweg zur Walhalla. Um ein „Zuckerl" für den Rückweg zu sichern und die Fahrtstrecke nicht zu sehr auszudehnen, bietet sich vom Ziel eine Schiffahrt nach Hause an.

Ab Weichs benutzen die kleinen Radler den Bürgersteig der Holzgartenstraße und des Schwabelweiser Weges. Nach einem kleinen Links-rechts-Schlenker bei den letzten Häusern der Weichser Siedlung beginnt der geschotterte, meist aber geteerte Radweg. Wie der kleine Strolch müssen die Radler natürlich auf Gegenverkehr und Rennradler von hinten achten, um eine Karambolage zu vermeiden, ansonsten ist die Strecke ohne Steigungen und völlig gefahrenfrei für die Kinder. Nur wir Eltern geraten mit dem Gesicht teilweise gefährlich nahe in den Schwenkbereich der „Sicherheitsfähnchen", was kein Mitleid, sondern nur johlendes Gelächter nach sich zieht.

Der erste Abschnitt führt an der Donau entlang mit Blick auf den Hafen. Wir fahren unter der Schwabelweiser Brücke hindurch und passieren schon bald die Häuser am Donauufer, wo der Donauradweg, der Markierung folgend, rechts abbiegt. Hier verlassen wir den Fluß. Altwasser säumt die schöne Wegstrecke. Bald radeln wir, immer am nördlichen Fuß des Hochwasserdammes, vorbei an Feldern und sehen unser Ziel, die Walhalla, langsam größer werden. Kultur ist nicht leicht zu vermitteln, wenn auf dem Schrottplatz nebenan alte Autos aufgeladen und mit der Baggerschaufel plattgedrückt werden.

Schon als Kronprinz plante Ludwig I. den Bau:

„Das Gebäude, die Abbildungen der großen Teutschen enthaltend, muß groß werden, nicht bloß kolossal im Raum, Größe muß auch in der Bauart sein, nicht zierlich und hübsch, hohe Einfachheit, verbunden mit Pracht spreche sein Ganzes aus, würdig werdend dem Zweck!"

Allvater Odin nannten die Germanen ihren höchsten Gott.

Odin ist auch der Gott der Schlachten. Sieg- und Walvater genannt, schlägt er seine Feinde mit blinder Furcht und nimmt ihren Waffen alle Macht; aber die Helden, die er beschützt, erfüllt er mit übernatürlicher Kraft, daß ihnen weder Eisen noch Feuer etwas anhaben können und sie auch waffenlos den Sieg erringen. Er selbst nimmt am Kampfe nicht teil, aber mit seiner strahlenden Rüstung angetan, reitet er auf dem achtfüßigen Sleipnir, dem Raschdahingleitenden, über die Walstatt und zeichnet mit Gungir, seinem wundermächtigen Speer, die Männer, denen er den Tod bestimmt hat. Seine Walküren, die „Schlachtauswählerinnen", beginnen ihr Werk: Sie „küren" die Auswahl der Helden, die in der Schlacht gefallen sind. Denn nicht jedem ist es vergönnt, im herrlichen Totensaal Walhall von Odin empfangen zu werden. In seinem Reich verhelfen die Walküren den auserwählten Helden zu vielfältigen Wonnen des jenseitigen Lebens.

E. Peterich: Kleine Mythologie.
Die Götter und Helden
der Germanen.

Am Ortseingang von Donaustauf ermöglicht eine Brücke die gefahrlose Überquerung der Staatsstraße zu den Biergärten. Wir aber erreichen nach wenigen Minuten die Schiffsanlegestelle, schließen unsere Räder ab und gehen durch die Straßenunterführung zum Fuß des Bräuberges.

Nun beginnt der Aufstieg zur *Walhalla*, dem Tempel mit der klassischen Strenge des dorischen Baustils der Griechen.

Jeder muß einmal die Stufen gezählt haben, die hinaufführen, und keiner kann damit aufhören, da schon viele Ergebnisse erzielt wurden, aber selten das richtige: 358 Stufen. Gerade kleinen Kindern macht das Hinaufklettern mit der rhythmischen Zählerei einen Riesenspaß. Außer Atem oben angelangt, bestaunen wir die riesigen Säulen und brauchen zwei Erwachsene und drei Kinder, um eine davon mit den Armen zu umspannen.

Am Rand der großen Stufen stehend, blicken wir auf das Donautal und achten etwas nervös auf die Kinder, denn leider gab es hier schon schwere Unfälle. Die Kinder erfreuen sich vor allem an den Schiffen, während wir die Weite der Landschaft genießen. Am hinteren Teil der Walhalla, wo die Absturzgefahr gering ist, werden die Säulen zum Verstecken und Erschrecken genutzt.

Durch das riesige Eichenportal betreten wir den Ruhmestempel. Der Raum ist wirklich eindrucksvoll. Den Kindern fallen zuerst die „Engel" auf, die eine Darstellung der *Siegeswalküren* sind.

Die Wände und der Boden sind aus Marmor erbaut. Lebendigkeit bekommt das Ganze durch die farbigen Schattierungen des Steines und durch die prunkvolle Decke aus Gold, Platin und Eisenerz. Denn nur die wertvollsten Materialien waren dem König gut genug.

Die Büsten der berühmten Männer und Frauen „Teutscher Zunge", also auch Österreicher und Holländer, wurden nach Bildnissen gefertigt. Es gab aber auch Menschen, die Ludwig I. für würdig befand, Einzug zu halten, von denen nicht bekannt war, wie sie aussahen. An sie erinnern die Namenstafeln oberhalb der Köpfe. Kindern, die bereits lesen können, macht es Spaß, auf der Suche nach bekannten Namen und der dazugehörigen Skulptur durch die „heilige Halle" zu laufen. In einem kleinen Führer, an der Kasse erhältlich, sind alle mit einer kurzen Lebensgeschichte aufgeführt.

1807 geplant, 1830 der Grundstein gelegt, 1842 vollendet – wer findet die Gedenktafeln dafür in der Walhalla?

Die kleinen Besucher, die schon einmal hier waren, erinnern sich gut an die „Häuserbauer, Klavierbauer, Musiker, Kaiser und

Könige" und natürlich an die Engel. Viele Anekdoten über die klugen Köpfe gäbe es zu erzählen, wenn man sie nur alle im Kopf hätte! Wendet man sich vom Trubel an der Walhalla ab und sitzt auf der Wiese oder den Bänken am Waldrand, spürt man wieder, warum dieser Standort für Ludwig I. so attraktiv war: Im Süden, tief unten, erstreckt sich die Ebene vom Fluß durchzogen bis in weite Ferne, so daß man bei Föhn sogar die Alpen erahnen kann; im Norden erheben sich die Hänge des Bayerischen Vorwaldes. Die Landschaft strahlt Ruhe aus. Viel Zeit kann man hier verbringen. Die Kinder erobern sogleich den Wald, wollen Baumhäuser bauen, sammeln reichlich Holz fürs Spiellagerfeuer.

Den Abstieg wählen wir über die *Salvatorkirche,* von deren Entstehung die Sage Gruseliges überliefert.

Während der Belagerung Donaustaufs, 1388, raubten drei wilde Kriegsknechte das Allerheiligste aus der Sulzbacher Kirche. Es befand sich in einer Büchse und einem Beutel. Einer der Gesellen, Andreas, verkaufte einen Teil, das Ziborium, und ließ es sich vom Erlös gut gehen.

Die Hostien trug er noch bei sich, als er plötzlich anfing sich zu krümmen und am ganzen Leibe zu zittern. Er sah darin eine Strafe Gottes und versteckte schnell die Büchse unter einem Busch. Es ging ihm sehr schlecht und er mußte große Qualen erleiden. So gestand er einem Lagergeistlichen die Freveltat und starb danach an der Pest. Auch die anderen Übeltäter nahmen ein schreckliches Ende. Einer wurde vom Pferd totgetrampelt, als er es an der Donau tränkte, der dritte wurde im Zweikampf getötet, bei einem Streit um den Erlös der Beute.

Das Allerheiligste aber wurde gefunden. Aus Dankbarkeit über den Fund wurde genau an dieser Stelle erst eine Kapelle und später die Salvatorkirche erbaut.

Hinter der Walhalla wenden wir uns nach Westen und folgen am Verwaltungshaus links dem Pfad in den alten Eichenwald hinein. Über moosbedeckte Steine und Riesenwurzeln springen und stolpern wir hinunter. Ein Bovist muß daran glauben: Des Teufels Schnupftabak staubt und raucht davon. Bald erreichen wir die kleine Kirche und versuchen durch das Gitterfenster in der Tür die Bildergeschichte der Räubergesellen zu erspähen.

Ein Kreuzweg führt zur Straße hinunter, auf der wir, uns jeweils links haltend, zum „Cafe Donaustuben" kommen. Gegenüber gelangen wir durch einen Fußgängertunnel wieder zum Donauufer und unseren Rädern.

Das Schiff erwartet uns bereits. Hilfreiche Hände nehmen den Kleinen die Räder ab. Auch der Kinderanhänger wird mühelos an Bord bugsiert. An Deck haben wir eine herrliche Aussicht auf die Walhalla, die Salvatorkirche und den Marktflecken Donaustauf. Die Kinder planen bereits den nächsten Ausflug: Nochmal zur Burgruine ...! Dann aber zieht es sie zum Kapitän. Durch die Glasscheiben kann man ihm beim Steuern zusehen. Gemächlich tuckern wir dahin. Die Fahrt dauert zwar ebensolange wie der Hinweg, doch die kleinen Radler sind froh, ein wenig Ruhe zu haben. Der Aufenthalt auf dem Schiff bietet ungewohnte Anblicke: Brücken von unten, Verschiebekräne am Hafen und die Schiffstankstelle.

In Regensburg angekommen, verfolgen wir das Anlegemanöver und die Kinder machen sich mit neuer Kraft auf den Heimweg. „Ach", sagte der kleine Strolch, „was für ein schöner Tag, ihr Freunde, was für ein wunderschöner Tag!"

HÖR MAL!

König Friedrich und das Gold der Inkas

Schaut ihn euch an, den König der Preußen, den Alten Fritz, den erfolgreichen Feldherrn. Ohne ihn hätte es nie Pommes frites gegeben. Darum heißt es auch, „das ist kein Witz, Pommes Fritz"! Vor 500 Jahren gab es weder Kartoffelchips noch Reiberdatschi, noch nicht einmal Bratkartoffeln. Erst als die Spanier Südamerika eroberten, sahen sie, wie die Inkas den Boden aufhackten, um braune Knollen herauszunehmen, die sie kochten und aßen. Neugierig geworden, nahmen die Spanier Mitte des 16. Jahrhunderts einige dieser merkwürdigen Pflanzen mit, um zu Hause den Anbau zu versuchen. So kam die Kartoffel auch nach Deutschland. Dem Preußenkönig Friedrich kam dieses neue Nahrungsmittel gerade recht, denn es herrschte Hunger im Land. Die Kartoffel war einfach anzubauen und brachte eine große Ernte. Aber obwohl die Leute hungerten, blieben sie mißtrauisch,

„was der Bauer nicht kennt, das frißt er nicht". Üble Gerüchte rankten sich um das unbekannte Gewächs: es sei giftig und verursache Magenkrämpfe. Das stimmte, wenn man die Kartoffel grün und roh verzehrte. Viele hatten das getan und glaubten nun nicht mehr daran, daß die Knolle genießbar sei. Der Preußenkönig hatte sich jedoch in den Kopf gesetzt, dem Hunger im Lande mit Hilfe der sehr nahrhaften Kartoffel ein Ende zu setzen und überlegte, wie er die Bauern vom Wert der Pflanze überzeugen könne. Viele Soldaten ließ er aufziehen, um die wenigen schon vorhandenen Kartoffelfelder zu bewachen. Daraufhin wurden die übrigen Bauern neugierig, denn was von Königs Gewalt bewacht wurde, mußte sehr wertvoll sein. Heimlich nahmen sie sich des nachts ein paar Pflanzen, um der Sache auf den Grund zu gehen. Mit der Zeit fanden sie heraus, was wertvoll an diesen Knollen war: gekocht oder gebraten schmeckten sie hervorragend, der Bauch wurde voll und die Sättigung hielt lange vor.

Nun dauerte es nicht mehr lange, bis sich immer mehr Bauern dazu entschlossen, das „Gold der Inkas" auch für sich selber anzubauen. Zufrieden konnte der Preußenkönig sich rühmen, den Hunger im Lande mit der unscheinbaren Kartoffel gestillt zu haben.

INFORMATIONEN

Länge der Radltour

Regensburg Holzgartenstraße - Schiffsanlegestelle unterhalb der Walhalla: ca. 9 km

Eignung

Die Radtour ist mit 5 – 6jährigen selbstradelnden Vorschulkindern gut zu schaffen.

Abfahrtszeiten der Schiffe

26. 3. – 23. 10.

| Walhalla ab | 12.15 | 13.15 | 15.45 | 16.45 |

Fahrpreise:

Erwachsene 9,00 DM
Kinder (5 – 14 Jahre) 5,00 DM
Familienkarte 25,00 DM
Radtransport frei

Auskünfte: Personenschiffahrt Klinger, Tel. 09 41/5 53 59 oder 5 21 04

Einkehrmöglichkeiten

Restaurant/Cafe Donaustuben, Donaustauf, Tel. 0 94 03/87 78

Das Abenteuer lockt ...

auf der Höhlenburgruine Loch
bei Eichhofen

Sir Conrad kommt herab vom Schloß
auf Baldur, seinem stolzen Roß.
Er trabt ins Dorf und übers Feld
und schaut, ob alles gut bestellt.
Fragt auch, wie es den Leuten geht,
und wie es mit der Ernte steht.
Ein jeder hat sein täglich Brot,
und keiner leidet bei ihm Not.
Gern reicht er jedem seine Hand;
man liebt ihn überall im Land.
Er könnte wohl zufrieden sein.
Doch war er es? - Ach, leider nein!
Er langweilt sich, ist oft verdrossen,
und deshalb hat er nun beschlossen,
Nach Ritterart sich aufzuschwingen,
um Heldentaten zu vollbringen.

Gernard/Michels: Sir Conrad

Ritterliche Taten müssen bei dieser Wanderung zwar nicht vollbracht werden, dennoch fühlen sich die Kinder beim Aufstieg zur Burg und bei der Höhlenbesichtigung wie „Helden", die in eine fremde, aufregende Welt eindringen.

Nach Verlassen des Undorfer Bahnhofs finden wir auf der anderen Seite der Bundesstraße eine Schautafel der Wanderwege. Die grüne Rechtecksmarkierung zeigt unseren Weg zur Höhlenburgruine, die rote Dreiecksmarkierung wird uns von Eichhofen nach Undorf zurückführen. Die Strecken sind sehr gut markiert und die Kinder suchen begeistert die nächsten Täfelchen. Wir laufen den Berg hinunter und zweigen an der Hauptstraße rechts ab. Bei der Straßenerweiterung, schräg links am Seidenblumenladen vorbei, erreichen wir nach wenigen Schritten den *Gasthof Müller*.

An der nächsten Hauptstraße, dem Werdenfelser Weg, gehen wir rechts, bei einem großen Ahornbaum links den Berg hinauf und an der ersten Straße links, um, von der roten Markierung abweichend, nur noch der grünen zu folgen. Das nächste grüne Rechteck darf wenig später an der weißen Gartenmauer des

Dieses Haus, errichtet 1689, war einstmals ein Hofmarksschloß, der Sitz eines Landadeligen. Ihm unterstanden ein oder mehrere kleine Orte, in denen er die sogenannte „niedrige Gerichtsbarkeit" ausübte. Er entschied als Richter alles außer Kapitalverbrechen. Christoph von Sauerzapf vererbte das einfache und unauffällige Landschlößchen der Karthause Prüll. Die klösterliche Landwirtschaft wurde nach der Säkularisation Bauernhaus, Bierschänke und letztlich Gasthaus.

Weil die Menschen längere Zeit im Turm leben mußten und zu normalen Zeiten Wachen von hier Ausschau hielten, brauchten sie natürlich ein Klo, das „haymlich Gemach". Im Mittelalter war das noch etwas anders als bei uns heute. Damals baute man den Sitz, einen Stein mit einem Loch in der Mitte, in einen Erker und ließ einfach ... alles hinunterplumpsen!

Der Eingang war erhöht, um das Eindringen von Feinden zu erschweren. Die Wachposten gelangten über eine Leiter in den Turm, die im Verteidigungsfall eingezogen oder mitsamt den Gegnern umgestoßen wurde.

Hauses Jackelberg 13 nicht   übersehen werden. Es führt uns rechts in den Wald. Durch herrlichen Buchenwald kommen wir zur Holzkapelle „Maria zur Buche". Der weitere, sehr übersichtlich markierte Weg führt im Zick-Zack durch den Wald und über Wiesen. Man kann auch eigene Wege einschlagen, doch es ist besonders im Herbst schön, den Windungen der Waldpfade durch das laut raschelnde Laub zu folgen. Die Kinder tollen in den welken Blätterhaufen und sammeln „Schwerter" in Erwartung der Ritter und der Burg. Später begleitet uns auf der einen Seite das Dickicht eines Nadelwaldes, auf der anderen strahlt die Sonne durch die schon kahlen Bäume. Bald blitzen die roten Dächer der Häuser von Eichhofen auf. Vorsicht, an der Waldkante fällt der Felsen steil ab! Der Ausblick auf das Tal mit der dunklen, sich schlängelnden Laber wird beherrscht vom Burgturm, der fast bis zu uns heraufragt. Obwohl der Pfad am Steilhang zu einem Einblicksschacht in die Höhle führt, sollte er mit kleinen Kindern auf keinen Fall begangen werden. Etwa 15 m innerhalb des Waldes, dann quer über den Hang führt der schmale Pfad zum 25 m hoch aufragenden, viergeschossigen Bergfried. Er diente als letzte Zufluchtstätte für die Ritter und ihre Gefolgschaft bei feindlichen Angriffen. Schon von weitem sehen wir einen auffallenden *Erker* am Bergfried.

Während früher der Besuch auf eigene Gefahr ganz offiziell möglich war, untersagen seit neuestem Schilder das Betreten der Anlage. Der Freistaat Bayern, seit 7 Jahren im Besitz von Loch, kann sich leider nicht entschließen, der Gemeinde die Verantwortung zu übertragen. Daher werden keine Sicherungsmaßnahmen durchgeführt, Steinschlag gefährdet die unterhalb stehenden Häuser, das Wahrzeichen der Gegend droht zu verfallen und jeder, der es betritt, ist für sein eigenes Wohl und das der Anlieger verantwortlich. Wir sind uns dessen bewußt und betreten durch eine Tür neben dem Bergfried den Innenhof.

Vor mehr als 500 Jahren hätten wir von hier an der Bergwand emporschauend die Fassade mehrstöckiger Häuser gesehen, heute erkennt man von unten nur noch einen Mauerrest. Deshalb klettern wir, die Kinder an der Hand, den unbefestigten Berghang hinauf. Dabei passieren wir eine Tür in den ersten Stock des *Bergfrieds*.

Oben angelangt stehen wir vor einer großen natürlichen Höhle. Dunkel und modrig ist es hier. Zum Glück wird der Hauptraum durch ein Loch in der Decke etwas erhellt. Hier befand sich vor ganz, ganz langer Zeit eine Feuerstelle der Steinzeitmenschen. Weiter hinten, wo man sich schon gar nicht mehr hintraut, wurden Knochen von Mammut und Wildpferden gefunden.

Aber zurück zur Zeit der Ritter: Damals war dies der Hauptwohnraum. Man hatte zwar die Wände mit Holz verkleidet, die Spuren davon sind im Mörtel an der Felswand zu erkennen, aber besonders gemütlich war es sicher nicht. Wie in allen Burgen hat es fürchterlich gezogen und es war finster. Da sich damals nur die ganz Reichen Glasscheiben leisten konnten, wurden die Fenster klein gebaut und oft mit Stoff verhängt. Es gab nur wenig Licht von Kerzen und dem Kaminfeuer. Heute bietet die Höhle gruselige Entdeckungstouren für die Kinder. Natürlich sind sie mit Taschenlampen ausgerüstet und vielleicht werden ein paar „Schätze" der Ritter in den zahlreichen Felsspalten versteckt. Auf den „Fenstern" der Gänge zu beiden Seiten der vorderen Höhle sitzend, erzählen wir uns die Abenteuer Graf Conrads, von dem Kampf mit dem schwarzen Ritter, von der Befreiung Huldas und vom Sieg über den Drachen. Beim Verlassen der Höhle wenden wir uns nach rechts und gelangen durch einen natürlichen Felsdurchbruch zu den einzeln durch Mauern abgeschlossenen, kleineren Höhlen, die wohl wirtschaftlichen Zwecken dienten.

Dem Pfad im Innenhof folgend gelangen wir hinunter nach Eichhofen. Wir halten uns auf der Dorfstraße links und erreichen die Laber. Das Wasser ist hier für Kinder gut zugänglich. Eine kleine Holzbrücke führt hinüber zum Wehr. Dumpf gurgelnd fließt das Wasser unter dem Haus heraus. Zahnräder, das Drehrad für den Mechanismus - die Kinder wollen alles darüber wissen. Glücklicherweise treibt sie der Hunger bald zu den Knödeln der Brauereigaststätte auf der anderen Seite.

Zurück führt der Weg wieder über die kleine Laberbrücke, dem roten Dreieck folgend, den Undorfer Weg hinauf und am Waldrand entlang. In Undorf gehen wir den bereits bekannten Weg zurück zum Bahnhof.

HÖR MAL!

Wie wurde ein Junge zum Ritter?

War es wirklich Glück, ein Ritter zu werden? Der kleine Junge wurde schon mit sieben Jahren seinen Eltern und den Kindermädchen weggenommen und als Page zu einem Herrn auf eine andere Burg gebracht. Dort lernte er ein wenig lesen und schreiben, aber auch Harfespielen, singen und tanzen. Und gute Manieren: „Lehn dich nicht an die Wand! Bediene deinen Herren ohne Murren! Setz dich erst, wenn er dich dazu auffordert! Halte deine Hände und Füße ruhig! Mach beim Aufstehen keine angeberischen Scherze!"

Der Junge half in der Küche und im Weinkeller mit, trug Essen und Trinken auf, half seinem Herrn auch beim An- und Ausziehen, sattelte ihm das Pferd und trug ihm die schweren Waffen nach. Jahrelang ging das so.

Dann, mit etwa 14 Jahren, durfte er sich Schildknappe nennen. Nun verlagerte sich seine Erziehung mehr ins Freie. Er lernte Kälte und Hitze, Hunger und Durst ertragen, reiten und fechten, mit Rüstung, Lanze und Schwert umgehen. Und er durfte seinen Herrn auch schon mal zum Turnier und in den Kampf begleiten. Nicht selten endete das Leben des Knappen tragisch. Noch kein richtiger Krieger, hatte er doch die Pflicht, seinen Herrn im Kampf zu begleiten, im Getümmel an seiner Seite zu bleiben und wo tödliche Gefahr drohte, sogar dazwischenzugehen. Hatte er Glück, entstanden unauflösliche Freundschaften.

Etwa mit 18 Jahren wurde ihm, nachdem er selbst im Turnier gekämpft hatte, feierlich das Ritterschwert verliehen.

Länge der Wanderstrecke

Undorf – Ruine Loch – Eichhofen – Undorf: ca. 5 km

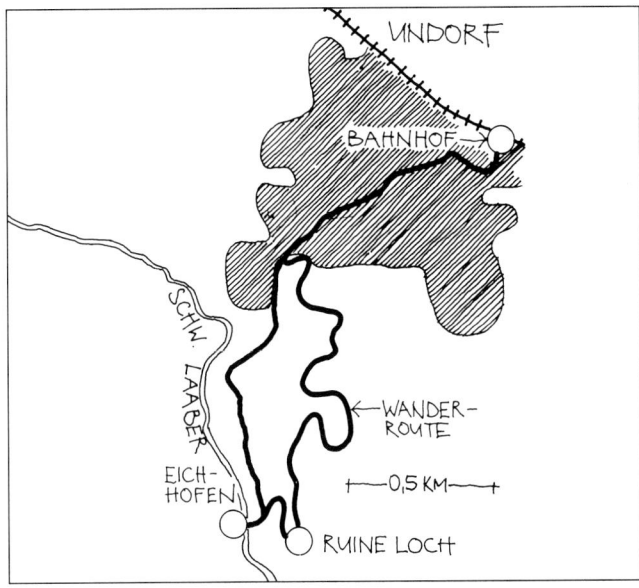

Eignung

Die Tour ist auch für kleinere Kinder gut geeignet, da die Wegstrecken kurz und ungefährlich zu begehen sind. Vorsicht ist geboten am Aussichtspunkt und beim sehr steilen unwegsamen Anstieg vor dem Höhlenbesuch. Für „Buggy-Fahrer" sind die Wald- und Wiesenwege schlecht geeignet, der Höhlenbesuch ist nicht möglich.

Erreichbarkeit

Hin- und Rückfahrt mit der Bahn nach bzw. von Undorf
Fahrtdauer: ca. 12 Minuten
Die Züge halten auch in Regensburg-Prüfening!

Fahrpreisbeispiele:
Erwachsene Regensburg - Undorf mit BahnCard: 2,20 DM
RVV-Streifenkarte: Zone 3 (Erwachsene 4 Streifen, Kinder 2 Streifen)
RVV-Tageskarte: Sa/So 6,00 DM (für 2 Erwachsene und eigene Kinder bis 15 Jahre)

Auskünfte: Regensburger Verkehrsverbund (RVV), Tel. 09 41/7 97 56 75;
Hauptbahnhof Regensburg, Tel. 09 41/1 94 19 oder 1 15 33

Der Berg ruft schon die Jüngsten …

auf dem Abenteuerspielplatz bei Deuerling

Neben vielen abwechslungsreichen Spielgeräten fällt sofort ein Fels ins Auge, der vor einem steinigen, mit Laubbäumen bewachsenen Hang liegt. Auf der „Bergspitze" ist ein Seil befestigt, damit sich die mutigen Bergsteiger abseilen können. Wer kraxelt den „kleinen Arber" hinauf? Alle versuchen es, sogar die Jüngsten zeigen ihre Kletterkünste und scheuen keine Mühe, den Gipfel zu erklimmen. Siegreich strahlen die Gesichter, als die Kinder ihr Ziel erreichen.

„Regensburg Hauptbahnhof, Regensburg Hauptbahnhof", schallt es durch den Lautsprecher am Bahnsteig. Aufgeregt suchen die Kinder einen Fensterplatz. Der Schaffner kommt, „die Fahrkarten bitte!". Ältere Herrschaften, die jeden Samstag mit dem Einkaufsticket unterwegs sind, lachen, da sie feststellen, daß alle Fahrgäste diese Wochenendermäßigung benutzen. Sie freuen sich über die fröhliche Kinderschar im Abteil. Gespannt sind die Kinder auf den Abenteuerspielplatz, neugierig, was dort so anders ist, als sie es bei bisherigen Spielplatzbesuchen erlebt haben. Die Zugfahrt nach Deuerling dauert nur 16 Minuten. Kleinere Vororte von Regensburg und auch das Schloß von Thurn und Taxis in *Prüfening* ziehen an uns vorüber. Früher war das Schloß ein Kloster. Pater Emmeram, ein Sohn von Fürst Albert von Thurn und Taxis, verstarb 1994. Er war der letzte Benediktinermönch und bemühte sich 40 Jahre um eine Klosterneugründung – jedoch ohne Erfolg! Neben dem Kloster ist eine beliebte Ausflugsgaststätte. An Sonn- und Donnerstagen standen früher die Wagen bereit, um Gäste aus der Stadt dorthin zu befördern.

Ein Blick auf die Donau bei der Überfahrt über die Eisenbahnbrücke, rechts die Landzunge zwischen Donau und Mariaort und ein Tunnel sorgen für Abwechslung. Es wird dunkel, lautes Gerede, um Ängste abzuschütteln, und die Blicke, „seid ihr noch alle da", lassen ein Kichern aufkommen.

Angekommen am Deuerlinger Bahnhof überqueren wir die Gleise auf der Fußgängerbrücke und stehen nun vor dem Bahnhofsgebäude. Rechter Hand gibt es eine kleine Unterführung, die uns gefahrlos die Straße kreuzen läßt. Wir überqueren die ansteigende Teerstraße Richtung Deuerling, die in einen Feldweg mündet. Anfangs begleiten uns die Eisenbahnschienen und wir kommen an eine Wegkreuzung, rechts sehen wir einen Bauernhof. Wir halten uns links, laufen geradeaus bergab auf eine Hohlgasse zu. In Hecken versteckt sehen wir kunstvoll gebaute Vogelnester. Das Gezwitscher läßt eine unzählige Vogelvielfalt vermuten. Hagebutten, Schlehen und Beifuß säumen den Weg. Wir laufen auf einem Wiesenweg, der in einen Feldweg mündet. Wiesen, Felder und Wälder umgeben uns und nicht alltägliche Pflanzen stehen am Wegesrand. Der Feldweg endet im Tal an der Hauptstraße. Diese überqueren wir und nutzen den vor uns liegenden Grünstreifen links am Ufer der Laber, um nicht auf der befahrenen Straße laufen zu müssen. In Sichtweite befindet sich eine kleine Brücke, die zugleich der Ortseingang von Steinerbrückl ist. Nachdem wir diese passiert haben, gehen wir rechts und immer geradeaus, bis wir links nach dem Fußballplatz den Abenteuerspielplatz erreichen.

Mit begeisterten Worten schildert Schuegraf die Ausfahrt der Wagen nach Prüfening: „Wirklich scheint es, als wollte man Hellas Zeiten in den Olympischen Spielen erneuern. Renn- und Schweizerwagen und Staatskarossen stehen vor dem schönen, alterthümlichen Jacobsthore in Menge bereit, und fort geht's im sausenden Galopp, daß die Erde dröhnt. Ein herrliches Wetter! Auch ich eile dahin."

Karl Bauer: Regensburg

Der Platz ist durch einen Zaun abgegrenzt und deshalb für Kinder ein überschaubares Gelände. Wir finden ein Holzhaus mit Sitzgelegenheit, eine offene Feuerstelle, einen Sandplatz, zwei Kinderschaukeln, eine Torwand, zwei Rutschen und eine lange Wippe aus einem Baumstamm vor. Auf der Wippe versammeln sich alle Kinder und mit vereinten Kräften versuchen sie einen „Höhenflug". Daneben steht ein Holzzug mit Anhänger, der für jüngere Lokomotivführer gedacht ist. Mitten am Platz befindet sich ein mit Gras bewachsenes Betonrohr, das zum Verstecken auffordert. Der Klettermax sucht Baumstämme mit stabilen Ästen zum Kraxeln und liegende Stämme zur Gleichgewichtserprobung aus. Jüngere Kinder balancieren nicht über die Schlange, deren scharfes Gebiß uns zu verschlingen droht, sie rutschen sitzend darüber.

In der Nähe des Felsens steht eine lange Röhrenrutsche und eine Mutter mit ihrem Kind auf dem Schoß flitzt nach unten. Ein beachtliches Tempo wird erreicht und nimmt den Fünfjährigen jeglichen Mut, einen Versuch zu wagen. Da kommt der angrenzende Sportplatz sehr gelegen, auf dem auch Ballspiele gemacht werden können.

Rundherum grün, in eine abwechslungsreiche Landschaft eingebettet, mit wenigen Gästen und unterschiedlichen Angeboten, motiviert der Spielplatz zum Experimentieren und Bewegen. Die Eltern lassen sich nieder, bereiten das Picknick vor und genießen die freie, erholsame Zeit.

Auf dem Rückweg (ca. 45 Minuten) freuen sich die Kinder über eine Bonbonsuchaktion auf der Wiese. Die vielen weggeworfenen Süßigkeiten verschwinden im Gras und gerade darin liegt der Reiz. Wer hat gut aufgepaßt?

Ausgeglichen und gut gelaunt, mit vielfältigen Eindrücken steigen die Kinder in den Zug und lassen den Tag geruhsam an sich vorüberziehen.

MACH MAL!

Würstlbraterei am offenen Feuer
Die offene Feuerstelle im Gelände bietet die Möglichkeit, mitgebrachte Würste und Kartoffeln nach traditioneller Art zu braten. Allein die Vorbereitungen, Holz zu sammeln, Stecken zu spitzen, das Feuer zu entzünden, sind für Kinder ein Erlebnis. Die Feuerstelle darf beim Verlassen des Geländes nicht mehr glühen!

Stockbrote

Für sechs Kinder benötigt man 300 g Mehl, 5 g Trockenhefe, einen Eßlöffel Öl, einen Teelöffel Salz und Wasser.

Mehl und Salz in eine große Schüssel geben und eine Mulde eindrücken. Die Hefe (Packungsbeilage beachten), das Öl und lauwarmes Wasser werden mit dem Mehl verarbeitet, so daß ein glatter, fester Teig entsteht. Vorsicht mit der Wasserzugabe! Der Teig wird ca. 15 Minuten durchgeknetet, bis er elastisch und glatt ist. In einer Schüssel soll der Teig ca. 1 Stunde ruhen. Es ist gut möglich, den Teig schon einen halben Tag vorher zuzubereiten. Am Spielplatz muß nur noch ein Stock gespitzt und mit dem Teig umwickelt werden. Auf offenem Feuer gegrillt schmeckt dieses Abenteuerschmankerl besonders gut.

Länge der Wanderstrecke

Bahnhof Deuerling - Spielplatz: ca. 2,5 km

Eignung

Der Ausflug ist in kleinen und größeren Gruppen sowie für Kindergeburtstage sehr gut geeignet. Eltern, die Kleinkinder/Geschwister in Buggies transportieren, wird die Route entlang der B 8 empfohlen. Die Tour ist als Halb- oder Ganztagestour möglich. Mit Picknick und Spielangebot wäre es sinnvoll, einen ganzen Tag einzuplanen.

Erreichbarkeit

Hin- und Rückfahrt mit der Bahn nach bzw. von Deuerling
Fahrtdauer ca. 15 Minuten
Die Züge halten auch in Regensburg-Prüfening!

Fahrpreisbeispiele:
Erwachsene Regensburg - Deuerling mit BahnCard: 2,20 DM
RVV-Streifenkarte: Zone 4 (Erwachsene 5 Streifen, Kinder 3 Streifen)
RVV-Tageskarte: Sa/So 6,00 DM (für 2 Erwachsene und eigene Kinder bis 15 Jahre)

Auskünfte: Regensburger Verkehrsverbund (RVV), Tel. 09 41/7 97 56 75; Hauptbahnhof Regensburg, Tel. 09 41/1 94 19 oder 1 15 33

Einkehrmöglichkeit

Landgasthof Goß, Deuerling, Tel. 0 94 98/15 12

INFORMATIONEN

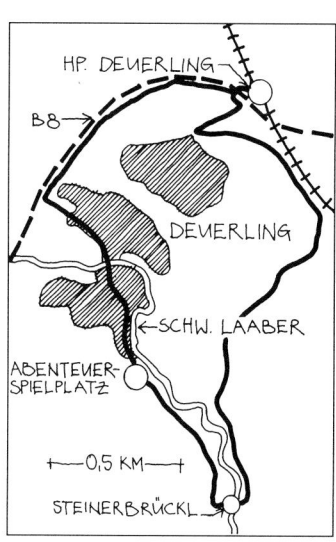

Es weizt die Weiße Frau …

auf der Burg Wolfsegg

*Nimmermehr wird sie Ruhe finden, denn sie starb einen gewalt-
samen Tod:*
*Einst lebte, so die alte Sage, ein habgieriger Herr auf Burg
Wolfsegg, Ulrich von Laaber genannt. Der Wittelsbacher, ein
anderer Adliger, war Herr über das Hammerwerk, eine Werkstatt,
in der Eisen mit Hilfe von Maschinenkraft verarbeitet werden
konnte. Ulrich neidete dem Hammerherren sein Eigentum und
ersann gemeinsam mit seiner Frau Klara eine List, wie er ihm seinen Besitz nehmen könne, denn freiwillig wollte er ihn nicht ver-
kaufen. Die Burgherrin Klara sollte, so der üble Plan, dem Wittelsbacher schön tun, ihn umgarnen und tiefe Liebe heucheln, um ihn
so umzustimmen.*
*Gesagt getan, Klara umschmeichelte den freundlichen Adligen
und nun geschah etwas, an das unser listiges Ehepaar niemals
gedacht hätte … Klara verliebte sich wirklich in den Hammerherren und ließ den bösen, mit Ulrich ausgeheckten Plan fallen. In
den Nächten traf sie sich, in Liebe heiß entbrannt, heimlich mit
ihrem Liebsten. Doch lange konnten sie dies vor dem Ehemann
nicht verborgenhalten. Ulrich ertrug die Schmach des Betrugs und
des Verrates nicht, geriet in rasenden Zorn und erstach schließlich
seine Frau mit dem Messer in ihrer Kemenate. Ein Grab war ihr
nicht vergönnt, der üble Burgherr Ulrich von Laaber verscharrte
sie in einem Turm im Burghof. So kann die „Weiße Frau" von
Wolfsegg bis heute keine Ruhe finden und weizt (spukt) des nachts
durch die Räume und über die Wehrgänge der Burg.*

Viele Herrscher und Besitzer hat die Burg Wolfsegg seitdem beherbergt, bis die großteils verfallene Burg 1933 von Georg Rauchenberger (1895–1973) gekauft wurde, der sie vor dem Verfall bewahrte und sanierte. Welche Gefühle diesen Mann dazu bewegt haben, eine verfallene Burg zu kaufen und mit eigenen Mitteln wieder herzurichten, läßt sich in einem seiner *Gedichte* erahnen.

Auf Fels gebaut erhebt sich die Burg gut sichtbar über den Ort, von der Bushaltestelle aus kann man sie gar nicht verfehlen. Nur wenige Schritte führen uns hinauf zum Eingang. Der erste Blick in den Burghof ist beeindruckend. Wir haben hier nicht eine der zahlreichen Ruinen vor uns, deren Steinhaufen nur noch mühsam erahnen lassen, was die Geschichte berichtet, nein, hier ist alles da, die dicken, trutzigen Mauern, die Wehrgänge mit den Schießscharten, die Schuppen und Stallungen im Burghof, die 4 m tiefe Zisterne.

Hier fällt es leicht, vom Mittelalter zu erzählen, von dem emsigen Treiben im Burghof, wo Handwerker, Stallburschen und andere Bedienstete der Ritter die alltäglichen Dinge verrichteten und die Bogenschützen auf den Wehrgängen Stellung bezogen, um feindliche Angreifer abzuwehren.

Bevor wir uns die restaurierten Innenräume der Burg mit ihren Museumsstücken ansehen, wartet noch die große Attraktion auf unsere Kinder. Sie werden die Burg nicht als Kinder des zwanzigsten Jahrhunderts durchstreifen, sondern dürfen sich zumindest in Kleidung und Kopfschmuck in die Zeit des Mittelalters zurückversetzen. Wolfsegg bietet kleinen Besuchern eine Kleiderkammer an, in der sich jeder ein passendes Gewand aussuchen kann, so lange der Vorrat reicht. Der Spaß der Kinder ist der Spaß der Eltern, denn die Paßform wird nicht garantiert: da lugt ein vorwitziger Bauchnabel aus dem Halsausschnitt eines Hemdes, zu lange Röcke werden gerafft oder zum Umhang deklariert und auch die Eltern werden erfolgreich davon überzeugt, daß ihnen eine samtene Kopfbedeckung besonders gut steht. „Vom Barette schwankt die Feder", als wir den ersten Stock der Burg betreten. Aufmerksamkeit erregt insbesondere, was „funktioniert", sei es der große nachgebaute Bratenspieß in der Küche, die Kienholzfackeln, die großen eisenbeschlagenen „Schatztruhen" oder der kleine runde Erker, der sich, geheimnisvoll angekündigt, als mittelalterliches „Plumpsklo" entpuppt.

Wir nähern uns dem Rittersaal und damit all jenen Dingen, die das Rittertum in den Augen der Kinder so faszinierend erscheinen läßt. Hier fanden damals die berauschenden Feste statt und

Romanze

Hinter den sieben Bergen, verborgen
im Waldesschloß,
Wo Sagen und Eulen noch horsten,
liegt ein verwunschenes Schloß.
Es träumt von vergangenen Tagen,
von Rittern, von Spiel und von Streit,
Noch lieber von schönen Frauen, von
verschwiegener Zärtlichkeit.

Wenn in der herbstlichen Sonne im
Gärtlein das Weinlaub verglüht,
Flüsternd ein kühler Lufthauch durch
Gänge und Hallen zieht,
Verbleichen die Felder, die Wälder,
das Hifthorn gellt durch das Tal,
Von den Wänden grüßen die Ahnen
und flüstern, es war einmal.

Über die sieben Berge ist der Weg
jetzt so weit,
Längst schlafen Feen und Zwerge –
die Burg ist eingeschneit.

Wenn dann im nächsten Maien die
Wiesen wieder grün,
Wenn Ros und Akeleien im Gärtlein
wieder blühn,
Dann wolln wir nicht mehr träumen,
Laßt Roß und Wagen zäumen,
um nach Wolfsegg zu ziehn.
Georg Rauchenberger

Man aß mit den Fingern, trank bis zum Übermaß und warf die Reste und Knochen einfach über die Schulter hinter sich ... So mancher Saufkumpan kitzelte sich den Gaumen mit einer Feder, das erleichterte den überfüllten Magen, der gleich danach wieder aufgefüllt werden konnte ... Es wurde gerülpst und ge...

Die Minne, die höfische Liebe eines Ritters zu einer oft verheirateten „frouwe", wollte nicht erobern oder besitzen. Sie war eine leidenschaftliche Verehrung für eine Frau, die als Idealbild immer unerreichbar blieb. Der höfische Ritter tat alles, um seiner Geliebten zu dienen, alle guten und heldenhaften Taten wurden ihr zu Ehren vollbracht.

mit Freude kann man sich all den spektakulären Geschichten aus dem Mittelalter hingeben.

Im Rittersaal finden wir die obligatorische Ritterrüstung und eine beeindruckende Waffensammlung. Weit hinauf heben wir die Kinder, damit sie einmal fühlen, wie spitz und scharf die Lanze als Waffe war. Neben vielen Alltags- und Gebrauchsgegenständen wurden in einem weiteren Gemach Musikinstrumente zusammengetragen, welche zum Teil wohl die Lieder und Gedichte der *Minnesänger* begleiteten, wenn sie ihrer Herzensdame von der Liebe sangen. Wie schwer es ist, dem Saiteninstrument mit einem Federkiel wohlklingende Töne zu entlocken, können die Kinder hier selber ausprobieren.

Wer von ihnen wird wohl im Rauchenberger Zimmer zuerst das sogenannte „Leuchterweibchen" entdecken, eine Deckenlampe in Gestalt einer Frauenfigur?

So viele Eindrücke für Kopf und Sinne, soviel Stehen und Schauen, da kribbelt es in den Beinen. Fünf kleine Ritter und Burgdamen legen ein unhöfisches Benehmen an den Tag und toben mit fliegenden Röcken und wehenden Federn über den schmalen Wehrgang, verwehren in Kampfesstimmung den Erwachsenen den Zugang.

SING MAL

2. Und seine Frau Mathilde,
   die hatte keine Ruh,
   denn um die Burg, da klappert's,
   da klappert's immerzu.
   Sie rief: Klipp, komm zum Essen,
   heut' gibt es Speck mit Kraut,
   doch Klipp hat nichts verstanden,
   er klapperte zu laut.
   Refrain: Klapper, klapper . . .

3. Dann ritt Herr Klipp zum Kampfe
   und klappert' fürchterlich
   und haute klappernd um sich,
   der arge Wüterich.
   Da traf ihn eine Lanze
   mit einem Riesenkrach.
   Er klapperte noch leise,
   als er am Boden lag.
   Refrain: Klapper, klapper . . .

4. Zum Teufel mit der Rüstung!
   Das ist doch alles Blech!
   So rief der Klapperbach
   und warf sie einfach weg.
   Dann humpelte er nach Hause
   und wurd' ein Müllersmann
   und hört sich abends friedlich
   das Mühlradklappern an.
   Refrain: Klapper, klapper . . .

Ritter Klipp von Klapperbach

T. u. M.: Frederick Vahle
mit freundlicher Genehmigung der AKTIVE MUSIK Verlagsgesellschaft mbH, Dortmund

1. Es war ein-mal ein Rit-ter, Herr Klipp von Klap-per-bach.
der mach-te, wo er hin-kam, stets ei-nen Rie-sen-krach.

Er hat-te ei-ne Rü-stung aus Ei-sen und aus Blech, die

klap-per-te so laut, da lie-fen al-le weg. Klap-per,

klap-per, rum-pel-pum, klap-per, klap-per rum-pel-pum.

Von ganz oben wollen wir jetzt ganz in die Tiefe, denn die Burg Wolfsegg beherbergt zusätzlich ein kleines Höhlenmuseum. Muffige, feuchtkalte Luft schlägt uns entgegen, als wir den Kellerraum betreten. Eine Höhle, 503 m lang und 35 m tief, durchzieht den Felsen, auf dem die Burg steht. Zuerst sind wir enttäuscht, daß die eigentliche Höhle nicht zugänglich ist. Präsentiert werden „nur" die Funde, wie Wolfszähne und Knochen von Höhlenbären und technische Ausrüstungsgegenstände der Höhlenforscher. Als wir jedoch den Videofilm über die Höhlenexpedition starten, wird es merkwürdig still: wir sehen wagemutige Männer, die sich im Schein ihrer Stirnlampen durch naßdreckige Schächte quetschen, ohne zu wissen, wie es vorne weitergeht.

Am Schluß sind wir alle froh, daß wir in diese Höhle nicht hineindürfen.

Der Abschied von Burg Wolfsegg und von der Verkleidung fällt schwer. Auf der Rückfahrt im Bus bleibt Zeit für weitere Abenteuergeschichten aus der Ritterzeit und für parapsychologische Fragen: „Warum weizt die Weiße Frau, wenn sie das schon kann, eigentlich nicht zu ihrem Geliebten hin? Oder in ein Grab hinein? Dann hätte sie doch endlich Ruhe!"

... eine Gruselgeschichte!

Bist Du ein guter Geschichtenerfinder?
Stell Dir vor: Es ist Nacht, stockfinstere Nacht und die Turmuhr schlägt zwölf. Die Fledermäuse kreisen um die Wehrtürme der Burg und Ritter „Tunichtgut" steigt aus seinem Grab. Langsam und bedächtig schreitet er in Richtung Kemenate, als das Ritterfräulein „Kurznase" kreischend aus dem Rittersaal stürmt, denn Ritter „Isidor der Schreckliche" hatte ...
Wie geht die Sache weiter? Ihr könnt auch mit Freunden oder den Eltern ein Spiel daraus machen, die Geschichte weiterzuspinnen. Jeder muß der Reihe nach einen Satz oder eine Szene dazugeben. So entsteht eine spannende, lustige oder völlig chaotische Phantasieerzählung. Ihr könnt die selbsterfundene Geschichte mit einfachen und selbstgebastelten Requisiten nachspielen und die einzelnen Szenen mit Leben füllen (Tücher, Helm aus Pappe, Schwert aus Karton, Ritterkleidung aus Karton und Schnur ...). Dafür braucht ihr natürlich ungefährliche Waffen, mit denen man fechten kann. Nehmt Zeitungen und rollt sie von Spitze zu Spitze, knickt einen Teil um, damit ihr sie besser festhalten könnt. Nun kann der Kampf beginnen. Selbstverständlich darf nicht ins Gesicht gezielt werden.

ERFINDE MAL!

INFORMATIONEN

Erreichbarkeit

mit RVV-Linie 14 Regensburg – Wolfsegg/Judenberg
Fahrtdauer: ca. 35 Minuten
Haltestelle Wolfsegg Raiffeisenbank;
ca. 5 Minuten Fußweg zur Burg

RVV-Streifenkarte: Zone 4 (Erwachsene 5 Streifen, Kinder 3 Streifen)
RVV-Tageskarte: Sa/So 6,00 DM (für 2 Erwachsene und eigene Kinder bis 15 Jahre)

Auskünfte: Regensburger Verkehrsverbund (RVV), Tel. 09 41/7 97 56 75

Informationen zur Burg

Öffnungszeiten:
Mai - September
10.00 Uhr bis 16.00 Uhr (täglich außer montags)

Eintrittspreise:
Erwachsene   3,00 DM
Kinder bis 14 Jahre   2,00 DM

Hinweise:
Anmeldung für Führungen nach telefonischer Vereinbarung in der Burg, Tel. 0 94 09/16 60 oder 4 78

Alljährlich findet der „Wolfsegger Burgsommer" statt. Für Kinder ein echtes Spektakel und Erlebnis (Theater, Handwerkervorführungen usw.). Zeit: Mai bis Juli; Karten dafür können in der Burg vorbestellt werden. Für Familien- und Kindertage gilt der übliche Eintrittspreis.

Einkehrmöglichkeiten

Gasthaus „Zur Burg", Tel. 0 94 09/23 03
Gasthaus „Zur Krone", Tel. 0 94 09/3 48

Empfehlenswerte Literatur

an der Kasse erhältlich:

Burgzeitung

Bastelbogen für Kinder „Ritterhelm"

Hans Uwe Rump: „Ritterliches Leben auf der Burg Wolfsegg", Landesstelle für die Betreuung der Nichtstaatlichen Museen in Bayern beim Bayer. Landesamt für Denkmalpflege, 1990

Sich regen am Regen ...

von Regensburg nach Regendorf

Gemeinsam mit mehreren Familien wollten wir einen Radl-Ausflug unternehmen. Die Strecke sollte kurz genug sein, um die Selbstradler nicht zu überfordern, die Kleinen nicht zu lange im Kindersitz oder Anhänger zu fesseln und um genügend Zeit für Picknick und Spiele zu haben.

Was lag näher, als einmal ein Stück an dem Fluß entlangzuradeln, der so vielen Ortschaften und auch unserer Stadt ihren Namen gab?

Schon die Römer nannten ihre Befestigungsanlage gegen die Germanen „Castra Regina", was übersetzt „Burg am Regen" heißt. Offenbar scheute man sich davor, die schon immer bedeutendere Donau als Namensgeberin heranzuziehen, da man sonst die vielen Kastelle entlang ihres Laufes nicht unterscheiden hätte können.

Früher lagen die Orte Lorenzen, Pielmühle und Lappersdorf direkt am Regen, der sich in weiten Schleifen der Donau näherte. Doch der Bau der Regental-Autobahn in den 70er Jahren veränderte den Charakter des Bayerwaldflusses in seinem letzten Abschnitt grundlegend. Eine der letzten natürlichen Flußlandschaften unserer Region wurde vernichtet. Der Regen wurde auf einer Länge von vier Kilometern nach Osten verlegt und mit einem künstlichen begradigten Flußbett versehen.

Heute sind die drei oben genannten Orte nur noch über einige Autobahndurchlässe mit dem Fluß verbunden, der über Jahrhunderte hinweg ihre Geschichte prägte. An den früheren Verlauf des Regens erinnern nur noch die Altwässer der Autalwiesen bei Lorenzen.

Treffpunkt ist auf der Westseite des Regens an der Reinhausener Brücke, wo sich früher in Zeiten der Holztrift der große Holzhof befand.

Schon bald haben wir das Stadtgebiet hinter uns gelassen und genießen den Blick auf die trotz der Veränderungen durch den Autobahnbau immer noch reizvolle Flußlandschaft. Man sieht sie kaum, und doch ist sie ständig gegenwärtig: die A 93, an deren Böschungsfuß der Radlweg über längere Strecken verläuft. Wieviel höher noch wäre der Erlebniswert dieser Strecke ohne die ständige Lärmkulisse der *Regental-Autobahn!*

Bereits bei Lappersdorf müssen wir all unsere Überredungskunst einsetzen, um am Spielplatz vorbeiradeln zu können. Wir wollen erst mal vorwärtskommen und außerdem ist der Spielplatz zwar mit vielen interessanten Geräten bestückt, aber wegen der Autobahn oft unerträglich laut. Darüber hinaus gibt es auf unserer Tour noch viele lauschige Plätzchen. So lädt nicht einmal einen Kilometer weiter bei Pielmühle im Sommer eine Liegewiese zum Baden oder Spielen ein.

Hinter Lorenzen verschwindet die Autobahn im Hügelland, während unser Radlweg nach rechts abzweigt und nun einer schwach befahrenen Straße folgt. Bevor wir Regendorf erreichen und nach links über die Straße abbiegen, läßt der Blick auf eine in Wiesen eingebettete große Regenschleife erahnen, wie die Flußlandschaft früher ausgesehen hat.

Die Ortsmitte von Regendorf wird von einem kleinen Schloß und seinem verwunschenen Park geprägt. In dem Gebäude sind heute ein Erholungsheim der Stadt Regensburg und ein Wohnheim für Asylbewerber untergebracht, so daß die gesamte Anlage für die Öffentlichkeit kaum zugänglich ist. Wenn jedoch das Tor offensteht, lohnt sich der Blick auf dieses Kleinod.

In der Nähe des Schlosses liegt ein Wirtshaus mit Biergarten am Weg. Am Ortsende biegen wir nach rechts ab und überqueren die Straße. Noch vor der Regenbrücke befinden sich auf beiden Seiten der Straße romantische Plätze zum Picknicken und Spielen. Wir beobachten rechts der Straße vom idyllischen Ufer, wie sich das Wasser über einen Steinwall ergießt, und fahren dann zu einer großen Wiese auf der linken Seite der Straße. Über einen Steg kann man zum Abkühlen in den Regen springen, und versteckt auf einem Hügel steht ein kleiner Kiosk.

Fünf Familien breiten ihr Lager aus. Wir genießen die Ruhe, die Landschaft und die mitgebrachten Leckereien, immer mit einem Blick auf die Kleinen, auf die das nahe Wasser eine magische Anziehungskraft ausübt. Aus dem Kinderanhänger werden eine Menge Spielutensilien gezaubert: Luftballons, Bälle und ein

großes Tuch. Bei Sing- und Kreisspielen haben Eltern und Kinder großen Spaß. Zum Schluß das Seilziehen: Mit aller Kraft versuchen Groß und Klein die andere Mannschaft über die Markierung zu zerren. Erst als die Hände erlahmen, machen wir eine kleine Pause und stärken uns vor der Weiterfahrt.

Nach der Brücke geht es in einem großen Bogen nach rechts. Auf dem Radweg entlang der Bundesstraße erreichen wir bald *Zeitlarn.*

Kleine Schleifen über die Straße der Freiheit durch das Neubaugebiet und über die Mittelgasse durch den älteren Teil des Ortes verkürzen die unangenehme Fahrt auf der Hauptstraße. Den Zeitlarnern blieb bis heute die Lage am Wasser erhalten. Und so finden wir bei unserer kleinen Runde durch den alten Ortskern am Ende der Fischergasse eine idyllische Bootsanlegestelle. Das ruhige, beschauliche Plätzchen mit dem kleinen Kiesstrand läßt nicht nur die Kinderherzen höherschlagen. Wir beschließen, uns nochmal eine Pause zu gönnen. Die Kinder krempeln die Hosen hoch - und schon stehen sie knöcheltief im Fluß. Während sie im Wasser pritscheln und einige zutrauliche Enten füttern, genießen wir Erwachsenen die romantische Szenerie am Ufer. Durch einige Angler und eine Zille, die im Schilf halb versteckt liegt, kom-

Vermutlich verdankt der Ort seinen Namen den Zeidlern. Diese Männer hatten einen gefährlichen und anstrengenden Beruf. Aus alten hohlen Bäumen holten sie den Honig der wilden Bienen. Die Arbeit war weit verbreitet, denn der Honig war das einzige Mittel, um Met, Kuchen, Plätzchen und Tees zu süßen. Zucker kannte nämlich in dieser Zeit noch niemand.

men die Kinder auf die Idee, selbst die Rute auszuwerfen. Ein Stock von den Uferweiden, mitgebrachte Schnur, eine Büroklammer als Haken, Brot als Köder - fertig ist die Angelrute.

Bei der Weiterfahrt erregt der Brunnen in der neugestalteten Ortsmitte die Aufmerksamkeit. Eine große Steinkugel schwimmt trotz ihres enormen Gewichtes scheinbar federleicht auf dem sprudelnden Wasser. Nach dieser letzten Unterbrechung der Fahrt biegen wir am Ende der Bebauung nach rechts ab, unterqueren bald die B 15 und gelangen auf die frühere Bundesstraße. Auf dieser ruhigen und baumbestandenen Straße, vorbei an schönen alten Gehöften, nähern wir uns nun schon wieder dem Stadtgebiet. An der Sallermühle, die seit der Regenverlegung nicht mehr am Fluß liegt, zweigen wir nach rechts ab, unterqueren wieder die B 15 und gelangen in einem kleinen Bogen auf den Radweg entlang der Amberger Straße. Bald nach dem Ortseingang von Gallingkofen biegen wir nach rechts in die gleichnamige Straße und gleich wieder links in die Steinerstraße und befinden uns nach wenigen Metern auf dem schönen Uferweg in Richtung Reinhausener Brücke.

SING MAL!

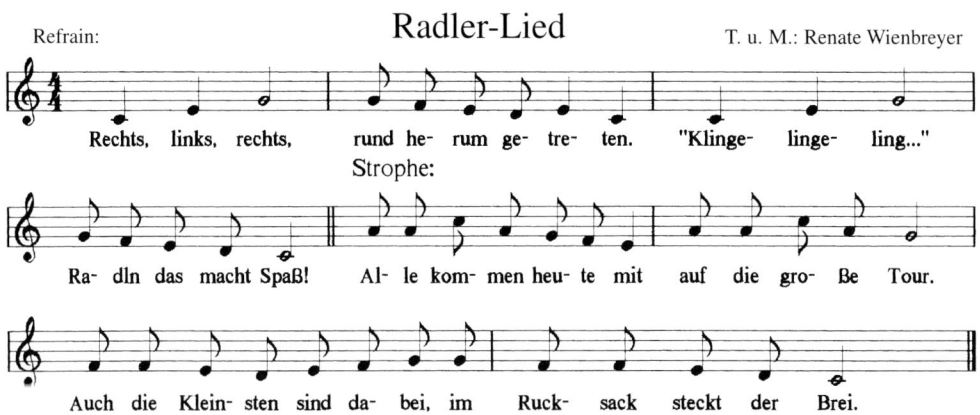

Radler-Lied

T. u. M.: Renate Wienbreyer

Refrain:
Rechts, links, rechts, rund he-rum ge-tre-ten. "Klinge-linge-ling..."

Strophe:
Ra-dln das macht Spaß! Al-le kom-men heu-te mit auf die gro-ße Tour.

Auch die Klein-sten sind da-bei, im Ruck-sack steckt der Brei.

2. Große Kinder sausen schon
auf dem eignen Rad -
achten gut auf den Verkehr,
die Straßen sind nicht leer.

3. Ohne Motor und Benzin,
mit der eignen Kraft
fahren wir durch Wald und Feld
und es kost' kein Geld.

4. Plötzlich knurrt der Magen,
Muskeln brauchen „Sprit"
eingepackt hat Mama viel...
jetzt ist Zeit für's Spiel!

5. Müde kommen wir nach Haus,
die Sonne steht schon tief,
alle spüren ihren Po
und sind stolz und froh.

Länge der Radltour

Regensburg, Steinweg – Regendorf: ca. 8,0 km
Regendorf – Reinhausener Brücke: ca. 9,5 km

Eignung

Die Radtour ist mit 5 – 6jährigen selbstradelnden Vorschulkindern gut zu schaffen.

Einkehrmöglichkeiten

Gasthaus Deml, Regendorf, Tel. 09 41/82 46

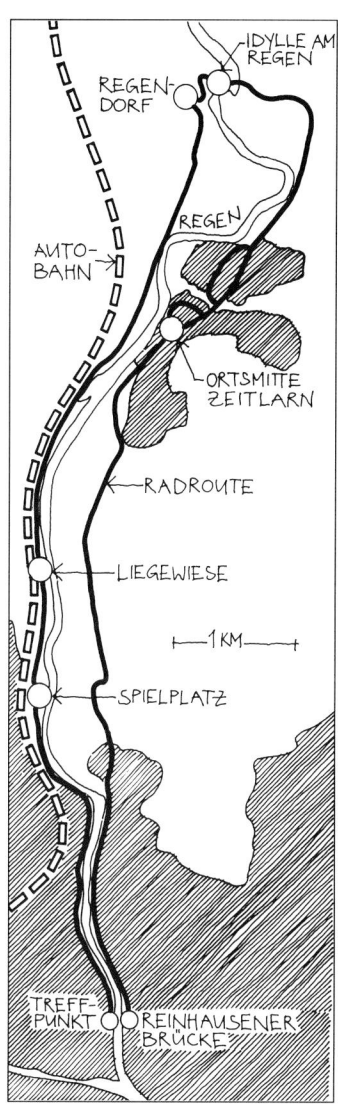

Auf dem Rücken der Pferde ...

beim Ponyhof und im Ellbachtal

Auf den Rücken der Pferde liegt das Glück dieser Erde! So sehen es die Kinder - ohne Rücksicht auf uns, die wir nicht wissen, ob wir uns trauen, ein Pony zu führen, das wir vorher nie gesehen haben.

Der Gedanke daran, daß ein Pferd in grauer Vorzeit auch mal klein angefangen hat als nur „terriergroßer Eohippus", hilft uns psychologisch auch nicht weiter. Gerade dieses Pony hier könnte, als ein Wesen mit eigenem Willen, einen heimtückischen „Rappel" kriegen, buckeln, bocken, beißen oder sich, nicht auszudenken, mit unserem hilflosen Kind im Gras wälzen!? Doch Maxl, das Islandpony, und sein freundlicher Kumpan tun nichts dergleichen. Mit energischem Schritt und nervöser Hand von uns Müttern geführt, bringen sie keinen der kleinen Reiter auch nur ins Schwanken - uns jedoch in Stolpern.

Nah am Maul sollen die Zügel gehalten werden und so ergibt sich „der Rhythmus, in dem man immer mit muß": zwei Stolperschritte mit dem Kopf des Ponys nach unten zum Gras, vier gemächliche „Kauschritte", zwei Stolperschritte nach unten, vier Kauschritte nach vorne ... da capo al fine!

Das Tier spürt den fehlenden Willen zur Macht, wir können's halt nicht besser und sind zufrieden, daß ihm nichts Wilderes einfällt. Und die Kinder? ... sind glücklich auf dem Rücken der Pferde – egal ob sie laufen oder fressen.

Von der Bushaltestelle „Gemeinde" geht es weiter in Fahrtrichtung des Busses; an der ersten Abzweigung rechts in Richtung Adlmannstein und wiederum die nächste Straße rechts nach Kaltenherberg. Die Gesamtstrecke bis zum Ponyhof beträgt nur 300 m und führt bis auf wenige Meter am Anfang über kaum befahrene Dorfstraßen. Der Ponyhof Ühlin ist ein idyllisch gelegener Bauernhof, auf dem außer Pferden, Kleinpferden, Ponys, Schafen und Ziegen auch Kinder als Feriengäste zu Hause sind. Zwei Ferienmädchen satteln uns die Ponys. Kurze Zeit später wagen wir den Ausritt. Jeweils zwei Kinder teilen sich ein Pferd mit Führung. Wir wollen nicht auf die Koppel, sondern lieber auf die Feldwege, um die Gegend zu erkunden. Eine halbe Stunde sind die Ponys gemietet - wir kommen nicht weit. Trotzdem gibt es viel zu lachen (wir rufen uns noch tagelang die lustigen Szenen in Erinnerung), und die Kinder haben einen Riesenspaß.

Nach anstrengendem Ritt stehen Tische und Bänke unter Obstbäumen bereit, das Essen bringt man selbst mit, Getränke und Eis gibt's bei Frau Ühlin. Hier läßt sich auch schön Geburtstag feiern mit einer besonderen Attraktion: einer Kutschfahrt für die Kinder. Bis zum Alter von etwa 6 Jahren können Kinder auf Ponys, die von den Eltern selbst durch die Landschaft geführt werden, reiten.

Für größere Kinder ab 8 Jahren gibt es auch Gruppenreitstunden und Voltigieren sowie therapeutisches Voltigieren. Verschiedene Reitprüfungen können vorbereitet und abgelegt werden. Pferde zum Ausreiten werden jedoch nur nach einer Probestunde in der Halle und nach Vorlegen des Reiterpasses vergeben.

Unbedingt empfehlenswert ist nach dem Reiten ein Spaziergang hinunter ins Ellbachtal. Für uns war es sehr abenteuerlich! Gegenüber vom Ühlinhof geht's hinab, vorbei an Feldern und Weiden durch einen Hohlweg. Plötzlich stoßen wir auf das erste Hindernis: wir stehen vor einer mit Bändern abgesperrten Pferdekoppel. Den steilen Weg hinter, dichtes Unterholz neben uns, wagen wir uns trotzdem todesmutig hinein, immer wieder den Blick nach hinten wendend. Etwas flotter als gewöhnlich überqueren wir die Wiese. Den wilden Pferden sind wir zwar entkommen, aber zum rettenden Weg am anderen Ufer des Ellbaches führt weit und breit kein Steg. Zwar ist das Wasser höchstens 20 cm tief, aber bei einer Breite von 3 m kann man schon sehr naß werden. Zum Glück haben wir unsere kleinen Pfadfinder und Indianer dabei. Sie erkunden das Gelände nach einer Furt - erfolglos. Da immer noch der „wilde Mustang" lauert, wagen wir es. Teils barfuß im Bachbett, teils schwankend auf

Trittsteinen stehend hieven wir die Kinder, den Buggy und das „Gepäck" in einer Dreierkette ans andere Ufer.

Endlich in Sicherheit können wir die wunderschöne Landschaft genießen. In zahlreichen Windungen plätschert der Ellbach durch schattigen Wald. Fette Grasbüschel, bemooste Steine und Felsen, vereinzelte Sonnenflecken säumen das kurze Wegstück bis zu einer großen Lichtung, die den Blick auf eine Spielwiese mit Karussell, Rutsche und Kindertischen aus wuchtigen Baumstämmen freigibt. Am anderen Ufer, schon im Bergschatten, liegt das Wirtshaus „Ellbogenbauer", dessen Biergarten sich rund um das Haus und sehr reizvoll auf Terrassen den Berg hinaufzieht. Diesmal gestattet eine stabile Brücke eine trockene Überquerung des Baches. Wir genießen die Stille des Talkessels in völliger Abgeschiedenheit.

Es gibt sicher viele schöne und abenteuerliche Wege vom Ponyhof zum Ellbogenbauern, wirklich einfach gelangt man so zum Ziel:

Zwischen Wohnhaus und Springkoppel führt der Weg nach Adlmannstein. Dort wendet man sich nach rechts und folgt der grünen Wandermarkierung zum Wirtshaus. Zurück zur näheren Bushaltestelle Gasthaus Lingauer im Ortskern von Bernhardswald führt eine Teerstraße am Bach entlang. An der Hauptstraße biegen wir rechts ab und erreichen bereits nach 50 m rechts einen Wanderweg mit blauer Markierung, der uns parallel zur Fahrstraße direkt nach Bernhardswald hinauf führt.

HÖR MAL!

Wie kam der Mensch auf das Pferd?

Da nahm der Zweifüßler seinen Speer, hängte seine Schlingen um und machte sich auf, um die entlaufene Kuh zu finden. Als er eine Weile gegangen war, sah er sie in der Ferne. Aber auch sie hatte ihn erblickt und galoppierte davon. Das Pferd, das nicht weit davon stand, sah den Zweifüßler spöttisch an und sagte: „Du hättest wohl gerne meine vier flinken Beine." „Gewiß", räumte der Zweifüßler ein. „Wie schön, daß es etwas gibt, das du nicht hast", höhnte das Pferd. „Du spielst dich ja sowieso schon als der Herr des Waldes auf."

Darauf gab der Zweifüßler keine Antwort, hielt aber in aller Stille die Schlinge bereit. Und plötzlich warf er sie dem Pferde über den Kopf. Das Tier bäumte sich und sprang mit wilden Augen umher. Aber bei jedem Sprunge zog die Schlinge sich fester zu, und der Zweifüßler ließ das Seil nicht los, obwohl er eine Zeitlang über den Erdboden geschleift wurde. Er hatte das Seil so fest um seine Hand gewickelt, daß es ins Fleisch einschnitt und die Hand zu bluten anfing.

Schließlich ermattete das Pferd. An allen Gliedern zitternd, stand es still. Der Schaum floß ihm aus dem Maule.

„Was willst du von mir?" rief es. „Mein Fleisch und meine Milch schmecken nicht gut; ich habe auch keine Wolle, die du mir abscheren könntest." „Ich will mir nur deine vier Beine leihen", sagte der Zweifüßler. „Du hast dich ihrer ja selber gerühmt. Hoho! Steh' nur still! ... Wenn du hübsch folgsam bist, werd' ich dir nichts tun!" Mit diesen Worten wickelte er das Seil um seinen Arm, kam näher und näher, streichelte das mit Schweiß bedeckte Tier, faßte plötzlich in seine Mähne und schwang sich ihm auf den Rücken. Das Pferd bäumte sich, warf die Hinterbeine hoch in die Luft und versuchte, sich seines Reiters auf jede Weise zu entledigen. Der Zweifüßler aber hielt die Mähne und das Seil mit den Händen, preßte die Beine fest an den Leib des Tieres und blieb sitzen, soviel Mühe es auch kostete. Allmählich wurde das Pferd wieder ruhiger, und der Zweifüßler klopfte seinen Hals. „Nun holen wir die Kuh!"

Er drückte die Fersen in die Flanken des Pferdes und gab im einen Hieb. In sausendem Galopp ging`s über die Wiese hin. Die Kuh machte nicht einmal den Versuch fortzulaufen, sondern blieb stehen und starrte sprachlos das seltsame Bild an, das sich ihr darbot. Bevor sie zur Besinnung kam, hatte sie die Schlinge um den Hals, und stolz ritt der Zweifüßler mit seiner Beute nach Hause.

Als sie das Zelt erreicht hatten, sprang er vom Pferde, streichelte es und dankte ihm. Aber er machte keine Miene, ihm die Schlinge vom Halse zu nehmen. „Gibst du mich nicht frei?" frage das Pferd. „Nein", sagte der Zweifüßler. „Aber ich gebe dir etwas viel Besseres. Du sollst von der Quelle trinken und das saftigste Gras bekommen, das du je gekostet hast. Dann sollst du dich hinlegen und ausruhen und daran denken, daß du jetzt in meinen Diensten stehst und für den Rest deiner Tage sorgenfrei leben kannst, wenn du nur treu und willig bist und die Arbeit tun willst, die ich von dir verlange."

Und dann fütterte er das Pferd und band es neben dem Zelteingang fest. Dicht dabei stand die Kuh an ihrem Pflock. „Sollen wir uns losreißen?" flüsterte das Pferd, als es Nacht wurde und der Zweifüßler schlief.

„Nein," sagte die Kuh und schüttelte den Kopf. „Ich laufe nicht mehr fort, er ist unser Herr, und niemand kann ihm widerstehen."...

Aus K. Ewald: Der Zweifüßler. Das Märchen vom Menschen

INFORMATIONEN

Anschrift
Ponyhof Ühlin, Bernhardswald, Kaltenherberg, Tel. 0 94 07/6 38

Länge der Wanderstrecken
Ühlinhof – Ellbogenbauer: ca. 3,0 km
Ellbogenbauer – Bushaltestelle Gasthaus Lingauer: 1,5 km

Eignung
Bis zum Alter von ca. 6 Jahren können Kinder auf Ponys, die von den Eltern selbst durch die Landschaft geführt werden, reiten (5,00 DM/halbe Stunde). Für größere Kinder ab 8 Jahren gibt es Gruppenreitstunden und Voltigieren sowie therapeutisches Voltigieren. Verschiedene Reitprüfungen können vorbereitet und abgelegt werden. Pferde zum Ausreiten werden nur nach einer Probestunde in der Halle und nach Vorlegen des Reiterpasses vergeben. Voranmeldungen erforderlich!
Kutschenfahrten: 75,– DM bis 150,– DM.

Erreichbarkeit
mit RVV-Linie 34 Regensburg Hauptbahnhof - Lehenfelden/Falkenstein
Fahrtdauer: ca. 30 Minuten.
Ausstieg: Haltestelle Bernhardswald Gemeinde, Fußweg zum Ponyhof: ca. 300 m. Rückfahrt: ab Haltestelle Bernhardswald Gasthaus Lingauer
RVV-Streifenkarte: Zone 4 (Erwachsene 5 Streifen, Kinder 3 Streifen)
RVV-Tageskarte: Sa/So 6,00 DM (für 2 Erwachsene und eigene Kinder bis 15 Jahre).
Auskünfte: Regensburger Verkehrsverbund (RVV), Tel. 09 41/7 97 56 75

Einkehrmöglichkeiten
Ellbogenbauer (Freitag und Sonntag Ruhetag), Tel. 0 94 07/25 65

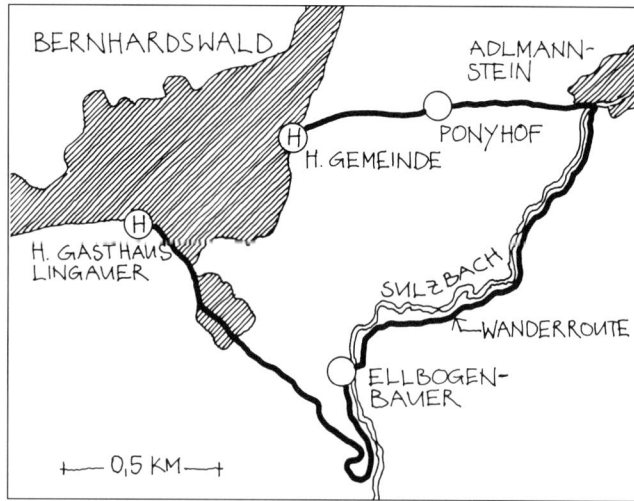

Faulturm oder Pulverturm ...

auf der Burgruine Donaustauf

Das Turnier beginnt.
Große Menschenmassen drängen sich erwartungsvoll um die
Tribünen und den abgesperrten Turnierplatz. Die Turnierpferde
werden hereingeführt. Sie sind geschmückt und tragen Überwür-
fe aus kostbaren Stoffen. Sie tänzeln nervös hin und her. Schwer
von der eisernen Rüstung, klettern die Ritter über Stufen und Lei-
tern mühsam in die Sättel.
Lanzen und Schilde leuchten frisch bemalt. Ungeduldig scharren
die Pferde mit den Hufen. Die Schar der Reiter teilt sich nun in
zwei Gruppen und nimmt einander gegenüber Aufstellung.
Jeder Ritter sucht sich dabei einen Gegner: Löwenhaupt gegen
Gotthelf von Brausebach, Max der Geier gegen Arno mit der eiser-
nen Faust, Beringer der Furchtbare gegen Alfons von Schrecken-
stein ...
Ein Hörnerstoß - die Ritter stürmen mit eingelegten Lanzen auf-
einander zu. Das Wiehern der Rosse, das Trommeln von Hunder-
ten von Hufen dröhnt wie Donnerrollen. Mit Krachen prallen die
Lanzen auf Schilde und Helme. Manche Lanzen biegen sich und
zersplittern, Reiter stürzen aus dem Sattel. Pferde bäumen sich auf
und werfen ihre Reiter ab. Es ist ein heilloses Durcheinander. Eine
dicke Staubwolke verbirgt manchen Kampf. Aber man hört
Schmerzenslaute und Flüche.
Als sich der Staub legt, ist die Hälfte der Ritter besiegt. Sie verlas-
sen den Turnierplatz, manche humpelnd, andere werden von
ihren Knappen getragen.

A. Mitgutsch: Ritterbuch, Ravensburger Buchverlag 1990

So könnte es gewesen sein im „Castellum Stufo", der Burg bei Stauf. Stouf ist althochdeutsch und bezeichnet einen kegelförmigen Berg. Diesen müssen wir erklimmen, um zur Ruine hoch über dem Ort zu kommen. Wir steigen die Burgstraße gleich gegenüber der Bushaltestelle hinauf und erreichen schon bald den ersten großen Vorhof der Burganlage. Wir stellen uns vor, wie die Ritter ihre Geschicklichkeit und Stärke auf diesem schönen Platz gemessen haben.

Etwas nördlich des heutigen Eisengittertores befand sich im Laufe der etwa 700jährigen Geschichte der Burg (ca. 900 - 1634) die erste von sechs Toranlagen. Geradeaus weiter finden wir vor der Wegbiegung rechts einen alten, ehemals sehr tiefen Brunnen. Zurück auf dem Weg passierten Ritter und Burgfräulein vorbei an den Mannschaftsunterkünften den zweiten Torbau mit Schlagbrücke. Entlang der westlichen Umfassungsmauer, an der die Anlage des mittelalterlichen Wehrgangs und die Fensterscharten noch erhalten sind, gelangen wir zum nächsten Burggraben. Jenseits der Holzbrücke aus neuerer Zeit steht der dritte Torturm. An seiner Außenwand sehen wir die Mauerschlitze, in denen die Zugketten für die Fallbrücke liefen. Im heute fehlenden Obergeschoß stand die Aufzugswinde. Im Tordurchgang sind zahlreiche Aussparungen im Mauerwerk von den Befestigungen für Fallgitter, Torflügel und „Schließbalken".

Durch eine schmale Gasse kommen wir zum inneren Vorhof der Burg, heute eine Terrasse mit herrlicher Aussicht auf das Donautal. Die Ritter nutzten die Lage und bauten an die südöstliche Ecke einen Rundturm, um herannahende Feinde von weitem zu erspähen. Die Mauerreste im Westen der Plattform lassen die Größe des *Palas* erkennen.

Über dem Durchgang, der das Tor des letzten und höchsten Turmbaus war, sehen wir die Nischen der romanischen Burgkapelle. Direkt dahinter schlagen wir uns rechts durch das Gebüsch zum „Aussichtsfenster". Auf dem zwei Meter dicken Fenstersims hat man einen herrlichen Blick auf das Donautal, St. Salvator, die Walhalla und den Scheuchenberg bei Sulzbach.

Das Fenster gehörte zu „zway ruinierten Gewelbern", also zu zwei gewölbten Räumen, die sich an das Haupttor nach Norden anschlossen.

Die nächste Terrasse mit Blick auf Regensburg war ein Innenhof, im Süden von der Wohnung des Kommandanten begrenzt. Stufen führen hinauf zur Hauptbastei. Hier bieten sich wieder die herrliche Aussicht nach Osten und ein gemütlicher Picknickplatz unter einem mächtigen Ahorn an. Da der nördliche Abstieg sehr rutschig ist, geht man am besten wieder den Hauptweg zurück.

Er war das Wohnhaus der Familie und am weitesten von der Angriffsseite entfernt. Im 16. Jahrhundert verfügte der Palas über drei Stockwerke. In der Regel befand sich im Erdgeschoß der Rittersaal, wo Gäste empfangen und getafelt wurde. Auch die Küche war hier untergebracht. Das schöne Arkadenfenster in der Nordwand läßt auf einen Festsaal und herrschaftliche Wohngemächer auch im ersten Geschoß schließen. Im obersten Stockwerk befanden sich die Schlafräume.

Kurz nach der unteren Terrasse biegen wir nach rechts ab zu einem verwilderten Treppenweg hinunter zum Eingang des massiven, kreisrunden *Hungerturms*.

Abwärts gelangen wir über einen Pfad zu einer schönen Lindenallee, an deren westlicher Seite der äußere Burggraben verlief. Wer den Ausflug hier beenden möchte, wendet sich nach rechts und gelangt über die St. Michaelskirche, am Friedhofsausgang links und dann immer geradeaus, wieder zur Bushaltestelle.

Wir möchten aber noch eine Wanderung anschließen und verlassen die Burg, wo wir sie betreten haben. Wir biegen links in die Taxisstraße und bei der nächsten Kreuzung rechts in die Ludwigstraße ein. Nach ca. 400 m links in die St. Salvatorstraße, an deren Ende rechts, die Fahrstraße zur Walhalla überqueren und den schattigen Waldweg hinauf zur Walhalla.

In dieser imposanten Ruine mit 4,50 m starken Mauern mußten früher die Gefangenen hungern oder, wie ein alter Name „Fählturm" (Faulturm) besagt, verfaulen. Die ungewöhnliche Stärke der Mauern spricht dafür, daß er auch als Pulverturm diente. Balkenlöcher zeigen die Höhe der einstigen Stockwerke an und eine zugesetzte, türgroße Maueraussparung stellt wohl eine ehemalige Fensternische dar.

Manche Bauten der Großen Roten Waldameise bieten bis zu 500 000 Einzeltieren Obdach und weisen etwa 40 Stockwerke mit Gängen auf. Die Organisation des Ameisenhaufens ist bemerkenswert. Die Ameisen leben in „Staaten", in Gemeinschaften, in denen sie ähnlich wie die Honigbienen die Arbeit teilen und verschiedene „Berufe" ausüben. Es gibt eine oder auch mehrere Königinnen, kleinere, unfruchtbare Weibchen, die Arbeiterinnen, kleine geflügelte Männchen und manchmal auch noch „Soldaten" mit großem Kopf und gewaltigen Kieferzangen, mit denen sie den Bau verteidigen. Auch wenn viele Menschen Ameisen als lästig oder sogar schädlich ansehen, so sind sie doch von großem Nutzen für uns. Ameisen sorgen dafür, daß Tierkadaver nicht zu lange liegen bleiben und vertilgen ungeheure Mengen von Schadinsekten.

Nach einem kurzen Rundgang um den Tempel gehen wir den Weg weiter und überqueren den Parkplatz. Der Feldweg mündet nach wenigen Schritten auf eine kaum befahrene Teerstraße. Dieser folgen wir nach rechts und wandern eine Wiese hinauf in Richtung des ausgeschilderten „Oberpfalzweges". Für Buggywanderer empfiehlt es sich, auf der Teerstraße ein kleines Dreieck auszugehen.

Besonders viel Spaß macht die Wanderung im Frühjahr oder Herbst. Im Norden unseres Weges erstreckt sich die hügelige Landschaft des Vorwaldes, während im Süden Wiesen und Felder zur Donau hin abfallen. Mit den ersten wärmenden Sonnenstrahlen genießen wir das frische Baumgrün und die bunten Wiesenblumen. Im Herbst bietet uns der Mischwald die ganze Farbenpracht seiner absterbenden Blätter. Beim Sammeln des Laubes und der Früchte versuchen wir die Pflanzen zu bestimmen und „erbeuten" zugleich reichhaltiges Bastelmaterial.

Bevor wir die Hammermühle erreichen, führt uns das letzte Wegstück im Wald noch an zwei beeindruckenden *Ameisenhügeln* vorbei.

Wir überqueren die Staatsstraße. Gegenüber gelangen wir über den Otterbach zum Wirtshaus „Hammermühle", wo es zumindest an Werktagen noch sehr beschaulich ist. Im Biergarten erwartet uns ein Abenteuer, leider oft mit nassen Füßen verbunden! Hier liegt nämlich mitten im Otterbach eine kleine Insel. Allerdings muß man je nach Wasserstand fast zwei Meter mit einem Trittstein in der Mitte überwinden.

Wer lieber sein Picknick selbst mitbringt, findet kurz hinter dem Gasthaus einen kleinen Spielplatz mit Tisch und Bänken. Zwischen Biergarten und Sägewerk führt unser Weg weiter, und wir haben einen schönen Blick auf die letzte Etappe nach Sulzbach. Der Otterbach schlängelt sich durch saure Wiesen, die von zahlreichen Entwässerungsgräben durchzogen werden, zur Donau hin. Buggyfahrern empfehlen wir die Feldwege. Ältere Kinder lieben es, quer über die abgemähten Wiesen, immer wieder am Bach entlang zu laufen und die Gräben zu überspringen oder die zahlreichen Übergänge zu finden.

Mit einem bunten Wiesenblumenstrauß im Arm erreichen wir Sulzbach.

Die Bushaltestelle „Bäckerwirt" befindet sich im Ort gleich rechts hinter der Otterbachbrücke. Sollte die Abfahrtszeit an der Haltestelle „Neue Brücke" günstiger sein, geht man ein Stück weiter, biegt links in die Schulstraße ab und erreicht an der Staatsstraße nach Regensburg die Haltestelle.

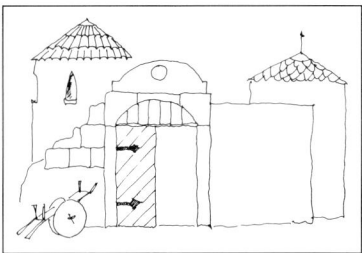

1 Toranlagen

2 Gräben
3 Höfe und Vorhöfe

SUCH MAL!

Was war wo in der Burg?

4 Hungerturm
5 Soldatenunterkünfte

6 Pferdestallungen und Schlosserei

7 Bäckerei und Zisterne

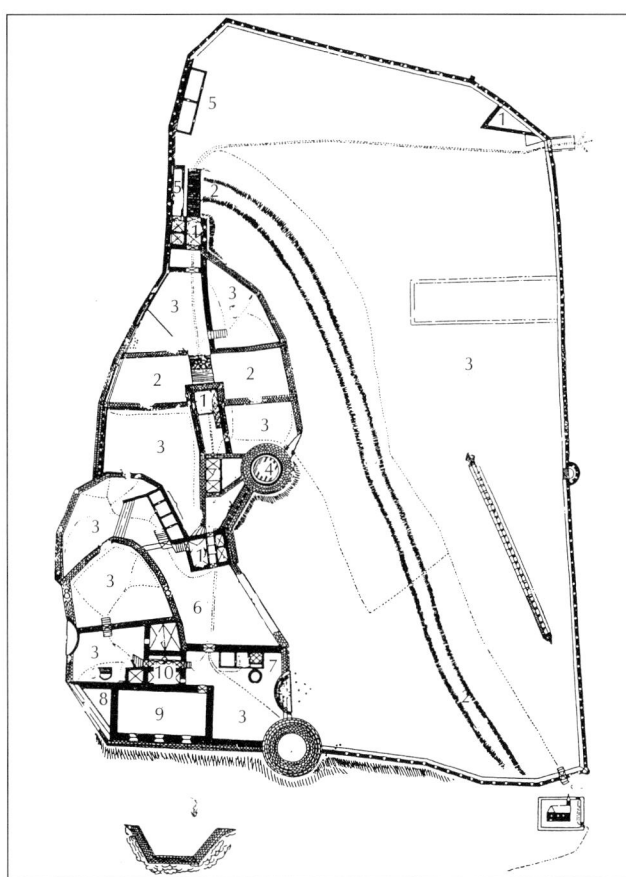

8 Wohnung des Kommandanten
9 Palas (Hauptwohnbau)
10 Torturm mit Kapelle

INFORMATIONEN

Länge der Wanderstrecke

insgesamt:	ca. 6,0 km
Burg - Walhalla	ca. 1,5 km
Walhalla - Hammermühle	ca. 3,0 km
Hammermühle - Sulzbach	ca. 1,5 km

Eignung

Die einzelnen Wegstrecken sind kurz und daher auch für kleinere Kinder gut geeignet. Außer der Burgbesichtigung sind die Wege mit Buggy befahrbar.

Erreichbarkeit

mit RVV-Linie 5 in Richtung Sulzbach/Wörth
Fahrtdauer: ca. 25 Minuten
Ausstieg: Haltestelle Donaustauf Kriegerdenkmal; ca. 10 Minuten Fußweg zur Burg
Rückfahrt: ab Haltestelle Sulzbach Bäckerwirt oder Haltestelle Neue Brücke

RVV-Streifenkarte: Zone 3 (Erwachsene 4 Streifen, Kinder 2 Streifen)
RVV-Tageskarte: Sa/So 4,00 DM (für 2 Erwachsene und eigene Kinder bis 15 Jahre)

Auskünfte: Regensburger Verkehrsverbund (RVV), Tel. 09 41/7 97 56 75

Einkehrmöglichkeiten

Hammermühle (Mi. Ruhetag), Tel. 0 94 03/39 29

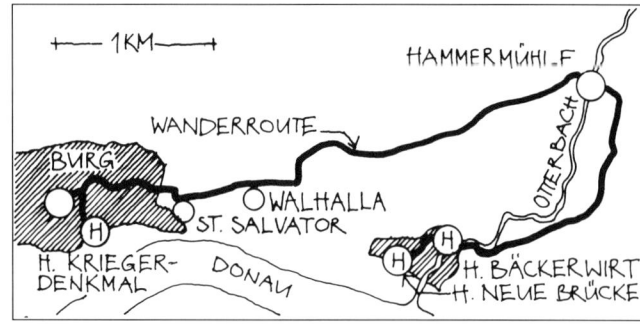

Fährfrau hol über ...

die Donau bei Matting

„Ich bin über einen Fluß gefahren", antwortete das Glückskind, „und da habe ich das Gold mitgenommen, es liegt dort statt des Sandes am Ufer." - „Kann ich mir auch davon holen?" sprach der König und war ganz begierig. „Soviel Ihr nur wollt", antwortete es, „es ist ein Fährmann auf dem Fluß, von dem laßt Euch überfahren, so könnt Ihr drüben Eure Säcke füllen." Der habsüchtige König machte sich in aller Eile auf den Weg, und als er zu dem Fluß kam, so winkte er dem Fährmann, der sollte ihn übersetzen. Der Fährmann kam und hieß ihn einsteigen, und als sie an das jenseitige Ufer kamen, gab er ihm die Ruderstange in die Hand und sprang davon. Der König aber mußte von nun an fahren zur Strafe für seine Sünden.
„Fährt er wohl noch?" - „Was denn?
Es wird ihm niemand die Stange abgenommen haben."

Brüder Grimm: Kinder- und Hausmärchen.
„Der Teufel mit den 3 goldenen Haaren"

Wie die Legende überliefert, kam das steinerne Marienbild, das heute in der Kirche steht, von weit her. Im fernen Konstantinopel gab es im 8. Jahrhundert einen Glaubenskrieg. Es war zu dieser Zeit im oströmischen Reich verboten, Heiligenbilder zu verehren, deshalb warf man eines dieser steinernen Marienbilder kurzentschlossen ins Meer. Die schwere Statue versank jedoch nicht, sondern schwamm, auf einer Wacholderstaude stehend, donauaufwärts bis zur Mündung der Naab. Gegenüber dem Dorfe namens Ort blieb sie samt der Staude im Ufergebüsch hängen. Die Bewohner von Ort beeindruckte dieses offensichtliche Wunder sehr. So beschlossen sie, an dieser Stelle ein Kirchlein zu erbauen. Wunderbarerweise aber wurde über Nacht alles Baumaterial an das jenseitige Ufer der Naab getragen und so den Bauleuten der Wille Mariens kundgetan, den Standort des Kirchleins zu bestimmen. Auch der Wacholderstrauch grünt noch heute in der Kirche.

nach K. Bauer: Regensburg

Wir sind uns der Sünde der Habgier nicht bewußt und sehen der Überfahrt mit der Fähre gelassen entgegen, die Ruderstange jedenfalls nehmen wir lieber nicht in die Hand!

Eingesessene Regensburger kennen sie, die „Hausstrecke" von Regensburg nach Matting. Treffpunkt ist die Kanalbrücke am Wehr. Auf dem Donauradweg (Tour de Baroque) fährt man immer am Fluß entlang bis nach Matting, ein recht gemächlicher Weg ohne Steigung. Als willkommene Abwechslung entpuppen sich vorbeifahrende Schiffe, die Enten und Gänse am Westbadweiher. Einen kurzen Halt unter der Eisenbahnbrücke nutzen die Kinder, um sich die Beine zu vertreten und Kieselsteine über das Wasser flitschen zu lassen. Wer wirft am weitesten? Gegenüber liegt die Kapelle *Mariaort*; wir hören das 12-Uhr-Läuten und erzählen den Kindern von ihrer Entstehung.

Weiter geht es entlang an Wiesen, Feldern, Brücken und Jurafelsen. Kurz vor dem Lokal „Schwalbennest" kommen wir an ein idyllisches Altwasser - üppiger Pflanzenwuchs, schnatternde Enten, Schmetterlinge und Libellen. Bei großer Hitze läßt sich diese schattige Wegstrecke besonders genießen. Die 5 – 6jährigen Kinder treten fest in die Pedale - trotzdem reicht die Energie, um zu ratschen oder ein „Rennen" auszutragen. Schweren Herzens und mit trockener Kehle fahren wir an der Ausflugsgaststätte „Walba" vorbei, da Matting schon in Sicht ist. Nach dem Fußballplatz geht's nach links und kurz danach eine schmale Teerstraße rechts ab. Am rechten Wegrand unterhalb der Böschung liegt unauffällig im Grün ein unter Naturschutz gestellter Tümpel. Das hier angesiedelte quirlige Leben erschließt sich dem Blick von oben kaum, man muß schon vorsichtig, ohne Flurschäden zu verursachen, die Böschung hinuntersteigen. Frösche springen ins Wasser, liegen auf der Lauer; etwa ab Mitte Mai sind hier abendliche Froschkonzerte zu vernehmen. Zum faszinierenden Schauspiel werden im Frühjahr die Paarungsflüge der blauen *Azurjungfern*, einer Libellenart.

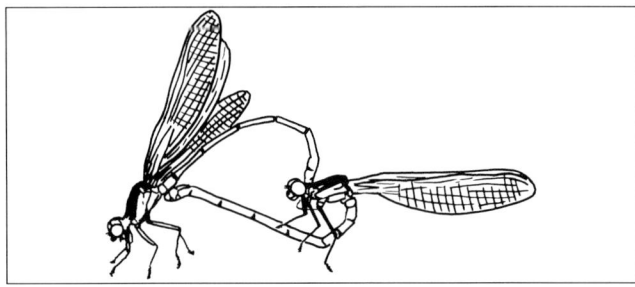

Komplizierter als bei Libellen verläuft die Fortpflanzung nirgendwo im Insektenreich. Wie auf dem Kopf stehende glitzernde blaue Herzen fliegen sie zusammengeschweißt in Scharen über das seichte Wasser und den Uferstreifen.

Wenige Meter vom Weiher entfernt erreichen wir das „Zunftstüberl", einen Gasthof mit schattigem Biergarten, netter Bedienung und gutem Essen. Die Kinder sitzen ungewöhnlich ruhig am Tisch, durstig und hungrig. Sie erholen sich jedoch rasch, laufen zur gegenüberliegenden Wiese und entdecken eine Pfütze mit ihren Bewohnern: drei winzigen kleinen Fröschen! Während die Erwachsenen über die Entwicklungsstadien der Amphibien referieren, versuchen die Sprößlinge zu den Fröschen näheren Kontakt aufzunehmen. Nur mit Mühe können wir sie weglotsen und zur Weiterfahrt bewegen.

Doch zur Anlegestelle der Fähre ist es nur ein kurzes Stück. Sie ist, wie man uns glaubhaft versicherte, immer in Betrieb. Für ein kleines Entgelt - ein großes Abenteuer. Die Fährfrau empfängt uns freundlich, nimmt ihre Holzstange und stößt die Fähre vom Ufer ab. Umzingelt von den Kindern meint sie: „Etz fahrn mir mit Vollgas voraus!" Die Kinder beobachten neugierig, wie das Laufrad über das Stahlseil rollt. Sie rennen hin und her, um ja nichts zu verpassen. Viel zu schnell ist die Fahrt zu Ende - anlegen und aussteigen. An eine Weiterfahrt ist erst zu denken, als die Fähre wieder abgelegt hat und wir der Fährfrau zum Abschied zugewunken haben.

Mit Fahrradanfängern sollte man auch gleich die Rückfahrt buchen. Der Weg auf der Westseite der Donau zurück nach Regensburg ist für sie nicht geeignet, da der größte Teil auf Autostraßen ohne Rad- und Fußgängerweg zu bewältigen ist. Straßentüchtige Radler aber fahren einen Sandweg bergauf zum Bahnübergang. Zwischen Wald und Bahntrasse führt eine idyllisch überwucherte Hohlgasse bis zum Minoritenhof. Der stattliche Gutshof beherbergt heute einen Golfclub. Die unzähligen weißen Punkte auf der Wiese sind daher keine Gänseblümchen, wie die Kinder meinen, sondern Bälle. Wir radeln auf der wenig befahrenen Straße nach Sinzing vorsichtig den Berg hinab und überqueren erst die Hauptstraße, dann die Brücke und biegen gleich dahinter rechts den Bach entlang ab. Nach der Bahnunterführung geht's links die Bahnhofstraße bis zur Eisenbahnbrücke vor Kleinprüfening.

Voller Vorfreude fahren wir rechts zur Fähre und fordern lautstark: „Fährmann, hol über!" Diesmal haben wir kein Glück. Man hatte uns schon gewarnt, daß diese Fähre nur selten in Betrieb sei. Also, vorbei am Spielplatz zurück zur Eisenbahnbrücke. Der steile Aufstieg, ein vorsichtiger Blick auf die weit unten liegende Landschaft, ein Zug donnert vorbei, Gegenverkehr und schon haben wir wieder festen Boden unter den Füßen. Steil bergab und links zur Donau hin, erreichen wir den bereits bekannten Donauradweg. Nach dreieinhalb Stunden im Sattel nehmen wir uns vor, die nächste Mattingtour mit Kindern als Ganztagesfahrt mit langen, gemütlichen Pausen zu planen.

BASTEL MAL!

Das Luftballonboot

Material:
Styropor, 20 - 30 cm langer, durchsichtiger Plastikschlauch, Klebeband, Kleber, ein Luftballon, Knete, Holzstäbchen, Papier, scharfes Messer.

– Styropor so zuschneiden, daß die Grundform eines Bootes entsteht. Rest von Styropor für die Ausgestaltung der Segel verwenden.
– Den Plastikschlauch mit Klebeband auf dem Boot befestigen.
– Am hinteren Ende den Luftballon über den Schlauch ziehen, evtl. mit Klebeband umwickeln und befestigen.
– Aus Holzstäbchen und Papier ein Segel herstellen, in die Styroporreste stecken und diese mit Kleber auf dem Boot befestigen. Luftballon durch den Schlauch aufblasen und den Schlauch mit Knete verschließen.
– Nach dem Aufsetzen des Bootes auf das Wasser die Knete aus dem Schlauch entfernen. Durch die herausströmende Luft bewegt sich das Boot wie mit einem kleinen Motor angetrieben auf dem Wasser.
– Wer sein Boot wiedersehen will, sollte vorher eine Rückholleine anbringen.

Reys/Viehoff: Freizeit mit Kindern gestalten, Don Bosco Verlag, München 1992, S. 122

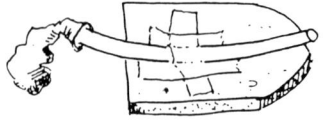

Länge der Radltour
Stauwehr Regensburg - Matting: ca. 13 km
Matting - Sinzing - Stauwehr Regensburg: ca. 15 km

Eignung
Die Hin- und Rückfahrt am Ostufer der Donau ist mit 5 - 6jährigen selbstradelnden Vorschulkindern zu schaffen. Die Rückfahrt über Sinzing ist
nur mit älteren Kindern zu empfehlen.

Preise für Fährfahrten
Erwachsene	0,50 DM
Erwachsene mit Rad	1,00 DM
Kinder	0,30 DM
Kinder mit Rad	0,50 DM

Einkehrmöglichkeiten
Gaststätte „Schwalbennest", Tel. 09 41/3 36 04
Gaststätte „Walba", Unterirading, Tel. 0 94 05/21 02
Gaststätte „Zunftstüberl", Matting, Tel. 0 94 05/65 35
Gaststätte „Zur alten Dampflok", Sinzing, Tel. 09 41/3 14 08

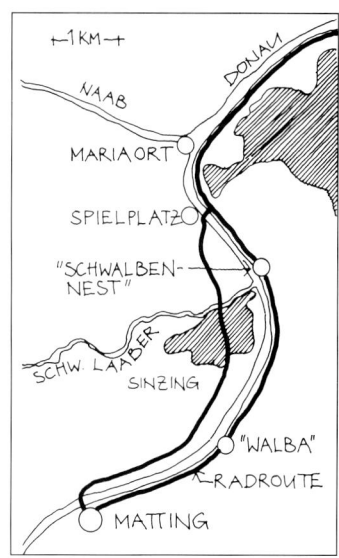

115

Museumsschiff Ruthof

Botanischer Garten

Stadtlandschaft

Mitten in der Stadt

Mangroven-Nachtbaumnatter

Räuberhöhle

Ponyhof

Hegenauer-Park

Heimweg mit dem Schiff

Gleislmühle an der Schwarzen Laber

Burg Wolfsegg

Am Regen

Otterbach

Fährfrau hol über

Ausblick

Schwarzer See im Böhmerwald

Urvogel „Archaeopteryx"

Radlerrast in Kelheim

Blumenmädchen

Die Puppen wandern mit

Verschwinden im Gras

Froschkonzert am Weiher
in Neusath-Perschen

Wandern
mit der „grünen Hexe" ...

von Laaber nach Beratzhausen

Auch wenn das Klappern der Mühlräder in nahezu allen Mühlen des Labertales inzwischen der Vergangenheit angehört, so hat das Tal doch nichts von seiner Schönheit, landschaftlichen Vielfalt und Romantik eingebüßt. Jurafelsen, Wälder, Wiesen - und immer wieder der dunkel schimmernde Fluß. Wer im Sommer am Ufer entlangwandert, der fühlt sich im wahrsten Sinne verhext. Das üppige Ufergrün läßt das Wasser häufig nur erahnen. Das allgegenwärtige Flimmern und Schwirren der Libellen, Insekten und Schmetterlinge zieht magisch an und man glaubt fast an die Gegenwart von Luft- und Wassergeistern.
Die Wanderung im Tal der Schwarzen Laber beginnt im Marktflecken Laaber vor der Haustür der Großstadt - und läßt uns trotzdem in kürzester Zeit von landschaftlicher Idylle umgeben sein.

Die Schwarze Laber ist alles andere als ein reißender Gebirgsfluß. Aber das sagt uns schon der Name, denn „Laber" kommt aus dem Keltischen und bedeutet „ruhiges, langsames Wasser".

Nicht umsonst wird das Flußtal auch „Tal der Mühlen" genannt. Allein in dem Abschnitt zwischen Laaber und Beratzhausen werden wir sieben Mühlenanlagen begegnen, die teilweise noch als kleine Wasserkraftwerke in Betrieb sind oder aber - zur Freude der Wanderer - Gasthäuser und Wirtsstuben beherbergen.

Beim Verlassen des Bahnhofsgebäudes in Laaber gibt der gegenüber angebrachte Plan einen Überblick über das Wanderwegenetz im Labertal. Daneben weist eine von mehreren Wanderwegmarkierungen, das rote Dreieck, auf unsere Strecke hin: Ca. 10 km liegen vor uns auf dem Weg nach Beratzhausen. Wir folgen der Markierung nach rechts und nach einigen hundert Metern biegen wir wiederum nach rechts zur Bahnunterführung ab. Danach geht es die Treppe hinauf zur Straße, und nach weiteren 500 m befinden wir uns an einer kleinen Kapelle.

Von hier führt ein gepflasterter Treppenweg, der sich unten zur Gasse erweitert, bergab zum Ortskern. Der Blick auf Bäume, alte Häuser und hochaufragende Felsen läßt den landschaftlichen Reiz des Marktes erahnen.

Unten angekommen, wenden wir uns nach rechts dem Marktplatz zu. Hier bietet sich bereits die erste Gelegenheit zur Einkehr - ein kleiner schattiger Biergarten unter Kastanien. Wir überqueren den Marktplatz und biegen nach links zur Laberbrücke ab. Der Blick fällt auf die markante barocke Dorfkirche sowie auf einen idyllischen Uferweg und eine Holzbrücke. Bald nach der Brücke biegen wir in die Augasse ein. Am Ortsausgang führt uns die Markierung nach rechts zu einer alten Pappelallee.

Nach der Allee öffnet sich der Blick auf ein beeindruckendes Panorama aus Kalksteinfelsen. Der schmale Wiesenweg führt direkt am schattigen Ufer der *Laber* entlang; im trägen dunklen Fluß spiegelt sich die Kulisse einer alten Papiermühle.

Wir folgen den Strommasten über eine Wiese. Von einer Bank aus hat man einen schönen Blick auf die Flußlandschaft. Das Idyll wird lediglich durch den Verkehrslärm von der Straße gestört, die wir bald kreuzen müssen. Kurz vor der Schafbruckmühle wird der Wanderweg - jedoch nur für ein kleines Stück - von der Straße unterbrochen.

Die Schafbruckmühle beherbergt ein Wirtshaus mit einem unmittelbar am Fluß gelegenen Biergarten. Wir überqueren die Laber - an der Brücke kann man gut bis ans Wasser herangehen und die Kinder im ruhigen, flachen Wasser planschen lassen. Wir folgen nun der roten Rechteckmarkierung und erreichen auf der schmalen Asphaltstraße, vorbei an fast alpin wirkenden Felsen, nach kurzer Zeit den Landgasthof Lindenhof.

Wir setzen unsere Wanderung auf dem Schotterweg nördlich der Laber fort, biegen an einer höher gelegenen Bank (Markierung: rotes Dreieck) etwas unvermittelt auf einen Weg durch Maisfelder ab und kommen zur nächsten *Mühle*, dem Schallerwöhr, das heute noch als Wasserkraftwerk genutzt wird.

Wir wechseln wieder auf die Südseite der Laber und wenden uns nach rechts einem unauffälligen Wiesenweg entlang dem Fluß zu (Vorsicht; nicht die Treppe hinauf!).

Nun beginnt der schwierigste, aber auch idyllischste Teil der Wanderung. Der Weg wird nun zum schmalen Wiesenpfad, der das Buggyschieben für etwa 100 Meter zu einer schweißtreibenden Angelegenheit macht. Zum Trost säumen unzählige Glockenblumen und andere Wiesenkräuter den Weg - der sich nach kurzer Zeit endgültig ins Nichts auflöst!

Wir finden uns auf einer flimmernden, summenden Wildblumenwiese mit unzähligen Schmetterlings- und Insektenarten wieder und können den Fortgang des Wanderweges nur noch erahnen. Hier lohnt es sich, einen Tier- und Pflanzenführer zur Hand zu haben, um sich gegen die nie endenden Fragen wißbegieriger Kinder behaupten zu können.

Hinter dieser paradiesischen Wiese tut sich unvermittelt eine völlig andere Welt auf: ein finsterer, geheimnisvoller Nadelwald, schroffe Felsen und feuchtes Moos umgeben den Wanderer und die plötzliche Waldesstille kommt einem recht unwirklich vor.

Über einen Wiesenweg entlang der Hangkante erreichen wir im Bogen die Gleislmühle; von ihr aus führt ein schmaler Asphaltweg an der Mausermühle vorbei nach Beilnstein, einem Weiler, der bereits zu Beratzhausen gehört.

An einer kleinen Kapelle biegen wir nach rechts auf die schwachbefahrene Straße und nach ungefähr 500 m überqueren wir die Laber, zweigen nach links ab und folgen auf reizvollen Wald- und

Früher wurde die Wasserkraft eingesetzt, um Mühlsteine zu drehen, die das Getreide zu Mehl verrieben. Wenn man heute eine Wassermühle sieht, kann man sicher sein, daß dort kein Korn mehr gemahlen wird. Die Zeiten, in denen die Bauern ihr Getreide zum Müller brachten, sind lange vorbei, denn heute wird das Korn in großen, modernen Mühlen zu feinstem Mehl verarbeitet. Den Beruf des Müllers gibt es erst, seit man Wasser- und Windmühlen errichtet, um die Kräfte der Natur zu nutzen. Dabei waren die Müller früher alles andere als beliebt, weil ihnen oftmals nachgesagt wurde, sie hätten heimlich etwas vom gemahlenen Getreide für sich einbehalten. Aber vielleicht war es den Leuten auch einfach nur unheimlich, daß die Müller die Kräfte von Wasser und Wind für sich arbeiten ließen. Das mußte den Bauern, die mit eigener Körperkraft hart arbeiten mußten, wie Hexerei erscheinen.

Wiesenwegen wieder dem Fluß. Schon bald erreichen wir bei der Friesenmühle die Hauptstraße.

Wir überqueren die Straße und durch eine Lücke in der Leitplanke gelangen wir hinunter zur Laber, die wir ebenfalls - letztmalig - überqueren. Der Blick nach rechts auf die hoch über das Tal führende Eisenbahnbrücke läßt ahnen, daß bis zum Bahnhof noch einige Höhenmeter zu bewältigen sind.

Unser Weg führt über den Hof des Hotels Friesenmühle, den Parkplatz und die schmale Asphaltstraße und folgt der Markierung (rotes Dreieck, Rolf-Watter-Weg) und dem hölzernen Hinweisschild den Berg hinauf. Nach einer letzten Anstrengung biegen wir nach links in die Birkenstraße zum Bahnhof ein.

Tip: Von der Friesenmühle zum Bahnhof Beratzhausen benötigt man gut 30 Minuten. Die Dauer des Aufenthaltes in der Friesenmühle kann man daher von der Abfahrt des nächsten Zuges abhängig machen.

HÖR MAL!

Das Märchen vom Wassermann in der Mühle

Es lag einmal eine schöne Wassermühle in einem Wiesengrund an einem klaren Bach. Das große Mühlrad drehte sich Tag und Nacht, denn alle aus der Umgebung ließen ihr Getreide in der Mühle mahlen. Darum war der Müller reich und lebte mit seiner Familie in Glück und Zufriedenheit.

Da geschah es, daß eines Nachts das beste Pferd aus dem Stall verschwand. In den nächsten Nächten verschwand ein Tier nach dem anderen, bis alles Vieh verschwunden war. Knechte und Mägde bekamen es mit der Angst und der Müller bangte um seine Frau und seine Kinder. Und eines Nachts blieb plötzlich mit furchtbarem Gerassel die Mühle stehen. Mutig ging der Müller nach dem Rechten zu sehen. Aber was mußte er sehen: Am Mühlrad schaute aus dem Bach ein gräßlicher, grüner und glitschiger Wassermann mit dicken Augen, einem riesigen Froschmaul und langen, spitzen Zähnen hervor.

„He, Müller", sprach dieser, „jetzt kommen deine Frau und deine Kinder dran!" Der Müller erschrak zu Tode und am nächsten Tag verließen seine Familie und alle Mägde und Knechte die Mühle. Seit Tagen nun lebte der Müller traurig und verlassen in seiner Mühle und arbeitete, als es eines abends an die Tür pochte. Vor der Tür stand ein Bärenführer mit seinem Tanzbären und begehrte Obdach für die Nacht. Der Müller wollte ihm seinen Wunsch gerne erfüllen, warnte ihn aber eindringlich vor dem bösen Wassermann. In tiefer Nacht vernahm der Bärenführer plötzlich ein Schnaufen und Klatschen - wie von nassen Lappen - auf der Treppe und plötzlich kam der garstige Wassermann herein. Schnell weckte der Mann seinen Bären und dieser packte den grausigen Kerl beim Kragen, drückte ihn auf den Boden und schlug ihn, daß ihm Hören und Sehen verging. In seiner Not flehte der Wassermann um Erbarmen und versprach, nie mehr wiederzukommen, dem Müller alles Verlorene wiederzugeben und außerdem ein Körbchen mit Edelsteinen an den Bach zu stellen, wenn sie ihn nur freilassen wollten.

Am frühen Morgen kam der Müller, schaute nach seinen beiden Gästen und war sehr erleichtert, sie lebend und friedlich schlafend vorzufinden. Nachdem der Bärenführer von den Ereignissen der Nacht berichtet hatte, eilten sie zum Bach und fanden in der Tat das versprochene Körbchen mit kostbaren Perlen und Edelsteinen.

Vor Freude fiel der Müller dem Bärenführer und seinem Petz um den Hals und rief: „Ihr sollt nicht mehr herumwandern müssen, hier ist eure Heimat, wir wollen alles miteinander teilen und immer zusammenbleiben."

Und so geschah es. Bald kehrten die Müllersfrau mit den Kindern, die Knechte und die Mägde zurück. Eines morgens jedoch rauschte das Wasser auf und der Wassermann guckte heraus: „He, Müller habt ihr die große braune Katze noch?" „Ja, freilich", rief der Müller vergnügt, „und die hat heute nacht 7 Junge bekommen!" „Buh!" schrie der Wassermann, „da komm ich nimmer, da komm ich nimmer" und verschwand nun endlich auf Nimmerwiedersehn.

Volkstümlich aus dem Schlesischen

INFORMATIONEN

Länge der Wanderung
ca. 10 km

Eignung
für wanderfeste Kinder ab 6 - 7 Jahre; die Strecke ist für Buggys, Kinderwägen etc. nur bedingt geeignet

Erreichbarkeit
Hinfahrt mit der Bahn ab Regensburg Hbf nach Laaber (Züge in Richtung Nürnberg), Rückfahrt mit der Bahn von Beratzhausen. Fahrtdauer: ca. 25 Minuten. Die Züge bei der Hinfahrt halten auch in Regensburg-Prüfening!

Fahrpreisbeispiele: Erwachsene Regensburg - Laaber mit BahnCard: 2,70 DM. RVV-Streifenkarte: Hinfahrt Zone 4 (Erwachsene 5 Streifen, Kinder 3 Streifen), Rückfahrt Zone 5 (Erwachsene 6 Streifen, Kinder 3 Streifen). RVV- Tageskarte: Sa/So 6,00 DM (für 2 Erwachsene und eigene Kinder bis 15 Jahre).

Auskünfte: Regensburger Verkehrsverbund (RVV), Tel. 09 41/7 97 56 75; Hbf. Regensburg, Tel. 09 41/1 94 19 oder 1 15 33

Einkehrmöglichkeiten
Gasthaus Plank, Laaber, Tel. 0 94 98/27 31
Gasthaus Schafbruckmühle, Tel. 0 94 98/87 97
Waldhotel Lindenhof, Tel. 0 94 98/87 48
Gasthof Hammermühle, Beilnstein, Tel. 0 94 93/7 10,
Mühlenbesichtigung auf Nachfrage!
Hotel Friesenmühle, Beratzhausen, Tel. 0 94 93/7 35

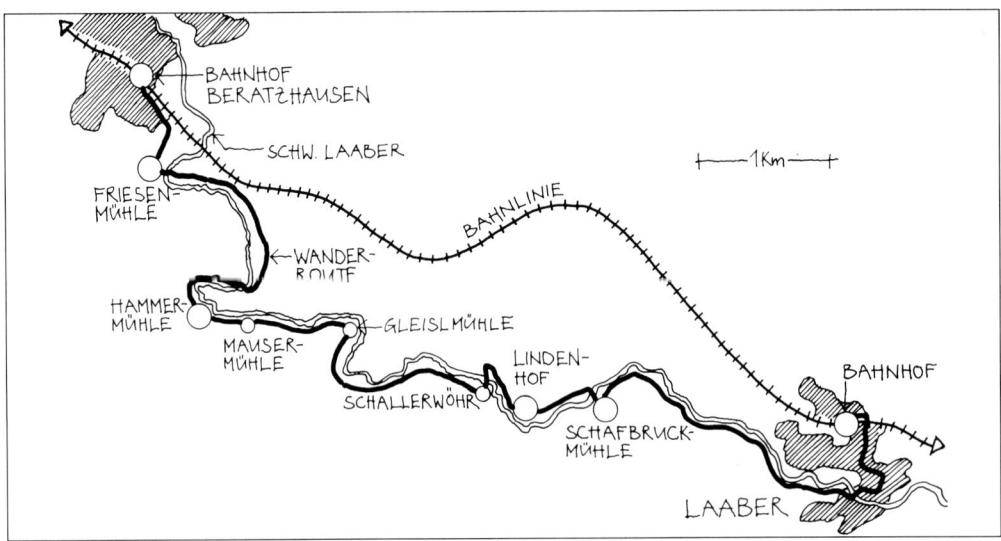

Eine „echte Sauerei" ...

im Wildpark Höllohe

Ein Gegrunze und Geschmatze empfängt uns. Schlammgesuhle,
aufgeregtes Gequiecke der Frischlinge, die sich mit ihren zarten
Streifen von den braunen dicken Borsten der Muttertiere abhe-
ben. Schnüffelschnauzen, die sich hörbar am Bauch kratzen - eine
faszinierende Schweinerei! Forsch voran zieht es die Kinder, hier
können sie endlich einmal mit Fug und Recht, ohne Maßregelung
sagen: „Komm halt her, du alte Sau!" Angst haben sie natürlich
keine - nur im letzten Moment, als die Wildschweine ganz nah an
den Zaun kommen, ziehen sie sich vorsichtshalber doch einen
Schritt zurück. Das Spiel macht Spaß: „Na, du dummes Schwein,
du!" Die Beschimpfung wird zum freundlichen Kosenamen.
Dumm sind sie tatsächlich nicht, diese Schweine, die ihren Ver-
folgern bei der Jagd immer wieder ein Schnippchen schlagen und
es listenreich verstehen zu entkommen. Auch feige sind sie nicht.
Eine Frischlinge führende Bache und ein verwundeter Eber sind
todesmutige Kämpfer und können, wenn sie nicht an Menschen
gewöhnt sind, sehr gefährlich werden. Wir geben uns redlich
Mühe, die Ehre des Schweines im allgemeinen und der Sau im
besonderen zu retten; wie erfolgreich wir damit sind, wird sich
vielleicht erst beim nächsten kindlichen Streit zeigen.

Wildschweine durchstreifen Laub- und Mischwälder und lieben Eicheln, Wildobst, Bucheckern, Kleingetier und Wurzeln. Sie graben gerne den Boden um, was das Pflanzenwachstum fördert. Beachtlichen Schaden richtet das Wildschwein an, wenn es den Boden auf Feldern umgräbt, da es Getreide, Rüben und Kartoffeln liebt.

Von der Bushaltestelle „Teublitz-Nord" aus gehen wir zuerst ein kleines Stück in Fahrtrichtung weiter, bis wir an der großen Kreuzung nach links auf den Fuß- und Radweg unterhalb der Kreisstraße nach Münchshofen abbiegen können.

Nach ca. 600 m queren wir die Straße und befinden uns bereits nach wenigen Schritten inmitten des bewaldeten Naherholungsgebietes. Wo früher Kies gewonnen wurde, liegt heute nach einer umfassenden Rekultivierung ein Wildpark, der in einem landschaftlich reizvoll eingebetteten Waldgebiet eine imposante Zahl heimischer Tiere präsentieren kann. Hier finden wir Rot- und Damwild, Muffel- und Schwarzwild und etliche Arten von Wasservögeln.

Tafeln bei den Gehegen geben Informationen über die Tiere und unterstützen uns Eltern bei der Beantwortung der Kinderfragen.

Wir folgen der „Trimm-Dich-Pfad" - Markierung nach links und erreichen, vorbei am *Wildschweingehege*, nach 500 m den eigentlichen Eingangsbereich zum Wildpark mit seinen Kiosken, Schutzhütten und Informationstafeln.

Bequeme Spazierwege mit Sitzbänken führen durch das Gelände mit seinen weiträumigen Gehegen. Am Wegesrand liegende Baumstämme werden zum Balancieren genutzt, Stöcke, Steine und Tannenzapfen gesammelt und in den Rucksack gestopft.

Die Nachbarn der Wildschweine sind uns weniger wohlgesonnen und verstecken sich. Längere Zeit verharren wir ganz still und warten. Ein Reh bewegt sich auf die Futterkrippe zu. Zufrieden beobachten wir das Tier beim Äsen, leise verlassen wir den Ort, um die Tiere nicht weiter zu stören.

Mitten im Park liegt ein Kiosk, gegenüber eine liebevoll gestaltete kleine „Stadt" für Kleintiere. Kaninchen und Meerschweinchen tummeln sich im Gras und abwechselnd möchte jedes von den Kindern auf der Holzumrandung sitzen, um alles aus nächster Nähe beobachten zu können.

An dem kleinen See, idyllisch gelegen und belebt durch eine Vielzahl von Enten und Wasservögeln, lassen wir uns nieder. Stolz putzt der Erpel sein Gefieder, welches im Vergleich zur Stockente farbenprächtig schillert. Lautes Gelächter und Bewunderung lösen die „spritzigen" Start- und Landemanöver aus.

Auf unserem Rundgang kommen wir zum Großwild. Es ist Oktober und Brunftzeit. Das Röhren der Hirsche dröhnt wie ein Orgelkonzert über weite Strecken. Am Zaun steht ein Kind und streichelt das Fell der Tiere. Es wird sichtlich beneidet. Mit Futter in der Hand lockt es die Tiere. Den Vorrat teilt es liebevoll mit unseren Kindern. Enttäuscht sind sie alle, als die Hirsche nicht endlos das angebotene Brot fressen. In Europa zählen zu den Rot- und Damwildarten der Rothirsch, der Sika-Hirsch, der Damhirsch und die Rehe. Rothirsche leben in Rudeln und bevorzugen Laub- und Mischwälder.

Auffallend ist der *Damhirsch* mit seinem schaufelartigen Geweih. Im Oktober wird er liebestoll, markiert sein Brunftrevier, scharrt den Boden auf und reißt mit seinem Geweih Zweige von den Bäumen ab. Er „tränt" ein Drüsensekret auf die Büsche, von dem die Hirschkühe sehr angetan sind und sich anlocken lassen.

Von weitem hören wir schon das Geblöke der Schafe, dazwischen Ziegengeschrei. Aber die Kinder haben den Spielplatz entdeckt, rennen los und sind verschwunden, bis der Hunger sie wieder zu uns treibt. Gerade im Sommer ist dieser große schattige Spielplatz für Kinder sehr angenehm. Er ist einladend und abwechslungsreich gestaltet, so daß jede Altersstufe etwas für sich findet.

Eine „Pinkelpause" schafft Überraschungen. Wir finden ein bereits erbautes Baumhaus im Waldgebüsch. Der Spielplatz ist vergessen, ein Spiellagerfeuer aus Stöckchen wird hergerichtet

Hirsche haben keinen festen Ruheplatz. Sie wechseln ihr Lager und an niedergedrückten Pflanzen erkennst du die Lagerstätte. Hirsche verraten sich durch die Spuren ihrer Doppelhufe auf dem Waldboden, durch angeknabberte Bäume und Baumrinden, durch herumliegende Losung (Kot). Von Mai bis August kann man abgestreifte Reste vom Bastschutz des fertig entwickelten Geweihes finden. Die Geweihgröße eines Hirsches gibt Auskunft über das Alter.

und aus Blättern lassen sich Teller und Schüsseln anfertigen. Zum Essen Serviervorschlag Nr. 1: Gebratene Tannenzapfen mit Steinklümpchensoße und Blattsalat.

Die Kinder versinken im Spiel ...

Ein Tip für den Rückweg: Wer noch einen Aufenthalt in der Stadtmitte von Teublitz anschließen möchte, dem wird empfohlen, nach Querung der Kreisstraße geradeaus über einen Pfad, die Angerstraße und den Stadtpark zum Rathaus zu laufen, wo sich auch die gleichnamige Bushaltestelle befindet. Die Wegstrecke beträgt ungefähr 1 km.

SING MAL!

Nackidei

T. u. M.: Rolf Zuckowski
Mit freundlicher Genehmigung der MUSIK FÜR DICH
Rolf Zuckowski oHG, Hamburg

2. Dem Schaf wird in der Wolle heiß
und von der Stirn rinnt ihm der Schweiß.
Doch nach der Schur sagt es: „Ja mei,
dös is phantastisch, nackidei!"

Refrain: Nackidei, nackidei . . .

3. Das Küken hält es nicht mehr aus,
   will endlich aus dem Ei heraus.
   Zerpickt die Schale eins, zwei, drei,
   Plumps – da liegt es, nackidei.“

Refrain: Nackidei, nackidei . . .

4. Dem Karpfen fall'n die Schuppen ab,
   er guckt und guckt und lacht sich schlapp.
   Was schwebt da an der Schnur vorbei?
   Ein Wurm, und dann noch nackidei!

Refrain: Nackidei, nackidei . . .

5. Frau Müller sitzt vor ihrem Haus
   und hält die Hitze kaum noch aus.
   Nach kurzer Zeit ein spitzer Schrei:
   „Ein Frosch, und völlig nackidei!“

Refrain: Nackidei, nackidei . . .

Eignung
Ein Besuch des Wildgeheges im Erholungsgebiet Höllohe ist für Kinder aller Altersgruppen sowie für Eltern und Großeltern interessant. Alle Wege können mit Buggys, Kinderwägen etc. gut befahren werden.

Allgemeine Hinweise
Das Naherholungsgebiet ist ganzjährig geöffnet; der Eintritt ist frei!
Im Sommer besteht die Möglichkeit, den Besuch des Wildgeheges mit einem Sprung ins kühle Naß des benachbarten Badeweihers zu verbinden.

Erreichbarkeit
Hin- und Rückfahrt mit der Buslinie Regensburg Hbf. - Hagenau (RVV-Linie 41) - Teublitz/Schwandorf
Fahrtdauer: ca. 1 Stunde

Ausstieg: Haltestelle Teublitz-Nord

Rückfahrt: ab Haltestelle Teublitz-Nord oder Teublitz Rathaus

Fahrpreisbeispiel:
Erwachsene Regensburg - Teublitz mit BahnCard: 3,40 DM
Die Kombination mit RVV-Fahrscheinen innerhalb einer Fahrt ist nicht zulässig, d. h. für die gesamte Strecke gilt der RBO-Tarif!

Auskünfte: Regionalbus Ostbayern GmbH (RBO), Tel. 09 41/5 85 00-44

INFORMATIONEN

„Einst fuhr ein Bockerl nach Falkenstein ..."

Radeln auf dem alten Bahndamm

Der Hauptlehrer, der Kaufmann, der Revierförster, der Apotheker, der Benefiziat, der Marktsekretär, der Wirt vom Postgasthof und der fürstliche Gutspächter waren im Fieber.

Angesteckt hatten sie sich mit dem „Lokalbahnfieber". Ursprünglich waren Bürger von Falkenstein nach München gereist, um ihrem Ort mit einem Landgericht wieder Bedeutung zu verschaffen.

Doch in jener Zeit, als überall neue Bahnstrecken gebaut wurden, sagte man ihnen, sie hätten mehr Erfolg, wenn sie um eine Bahnlinie bitten würden. Die Begeisterung war entfacht, und von nun an ließen die oben genannten Herren nicht locker und sandten ab 1896 in eiliger Folge ein Bittgesuch nach dem anderen nach München. Dort überlegte man lange und berechnete, wen und was die neue Lokalbahn transportieren solle. Holz gab es aus dem fürstlichen Forst und Steine aus den Granitsteinbrüchen, zusätzlich noch einige Arbeiter, die täglich zu den Kalkwerken bei der Walhallastraße mußten. Endlich errechnete man, daß im Jahr wohl 60 000 Fahrkarten verkauft und an Gütern 42 000 Tonnen Holz und Steine transportiert würden. Diese Mengen gaben den Ausschlag. Die Bahnlinie, 1913 eröffnet, brachte den Menschen der Region eine bisher nicht gekannte Mobilität. Doch schon 1960 wurde die Stillegung der Strecke diskutiert, Sparmaßnahmen, paralleler Busverkehr und schlechte Fahrplangestaltung leiteten diese Entwicklung ein. Trotz lautstarker Proteste von allen Seiten fuhr am 1. Juni 1984 der Abschiedszug auf der Strecke Falkenstein - Regensburg.

We protest! Trains are best!
They carry no Pollution pest!
So let´s „Hold the line"
Up to Falkenstein.

Universitätslektor Tom Fletscher:
Protestlied

Aufrechterhalten wurde die Linie nach Falkenstein als Radwanderweg, so daß, Ironie des Schicksals, die Strecke zumindest als Rücktour ohne „Pollution pest - Auspuffgase" zurückgelegt werden kann. Der Radwanderweg zwischen Felsenmeer und Waldwiesen, abseits des hektischen Autoverkehrs, gilt als eine der schönsten Ausflugsstrecken der Umgebung.

„Start frei ins Fahrradvergnügen!" heißt es darum beim Angebot der RBO und des Vereins für Naherholung e. V., das sich immer größerer Beliebtheit erfreut.

Der „Fahrradbus" mit bis zu 40 Fahrradstellplätzen im Anhänger bringt Radler und Räder nach Falkenstein; zurück nach Regensburg geht es dann mit dem Rad etwa 35 km direkt auf der ehemaligen Trasse der alten Lokalbahn.

Sehenswert ist in Falkenstein die Burg aus dem 11. Jahrhundert mit ihrem Jagdmuseum, das zahlreiche ausgestopfte Tiere beherbergt. Besonders beeindruckend ist ein Bär, der von den Kindern aus nächster Nähe und ohne trennende Glasscheibe betrachtet werden kann. Geweihe, Tierschädel, alte Waffen, Jagdwerkzeug und Jagdszenen auf Porzellan runden die Sammlung ab. Unter all den alten Gewehren fallen sofort die gut erhaltenen Armbrüste ins Auge. Die *Armbrust* war eine faszinierende und fürchterliche Waffe, die als eine der ersten Distanzwaffen die Kriegsführung revolutionierte und am Untergang des Rittertums nicht ganz unbeteiligt war.

Für ein Entgelt von einer Mark läßt sich von der Plattform des begehbaren Burgturmes ein Rundblick genießen, für eine weitere Mark kann man dort geschichtliche Informationen abrufen.

Die unmittelbare Umgebung der Burg lädt zum gemütlichen oder aktiven Verweilen ein. Beim Aufstieg zur Burg über die „Himmelsleiter" im Wald finden sich mit Holztischen und -bänken ausgestattete Picknickplätze.

Die Radtour beginnt mit einer kurzen, aber heftigen Steigung. Auf der linken Seite der Strecke befinden sich Kilometersteine, die wir für unsere Zeiteinteilung als sehr nützlich empfunden haben. Für kleine Ausflüge neben die Strecke bieten sich die Kilometerpunkte 32,8 und 26,4 an: Große Granitblöcke säumen den Weg und das Steinmeer des Naturparkes Vorderer Bayerischer Wald reizt nicht nur die Kinder zum Kraxeln und Verstecken. Während der Fahrt machen wir die Erfahrung, daß unsere Räder für einige Lebewesen nicht ungefährlich sind. Blindschleiche, Eidechse, Frosch und einige wunderschöne Schmetterlingsraupen queren den Weg oder sonnen sich auf dem Kies. Nur heftige Brems- und Ausweichmanöver retten ihnen das Leben. Unterschiedliche Einkehrmöglichkeiten säu-

Der Bogen einer Armbrust war so stark, daß kein Mann ihn spannen konnte. Darum mußte die Sehne mit einem eisernen Kurbelgestänge am Schaft gespannt werden. Mit einem Abzug, ähnlich wie später beim Gewehr, wurde die Sehne ausgelöst und schleuderte das in einer Rille des Schaftes liegende Geschoß (Pfeil, Bolzen, Kugel) zum Ziel. Die Bolzen waren nur eine Handspanne lang, konnten jedoch auf eine Entfernung von 200 m jede eiserne Rüstung durchschlagen.

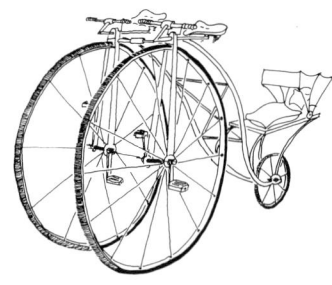

men den Weg, für Selbstversorger stehen ungefähr alle 10 km Pavillons zur Verfügung, die auch als Unterstellmöglichkeiten bei Regen gedacht sind. Uns konnte beides nicht locken, wir entschieden uns lieber für die wunderschöne Waldwiese kurz vor Wenzenbach, wo sich die Füße im Bach kühlen lassen. Die Kinder sind hier so ausgiebig mit dem Wasser beschäftigt, daß es einigen Eltern schwerfällt, in der idyllischen Ruhe die Augen offenzuhalten. Eine interessante Zielstation für Kinder ist der kleine, auf Privatinitiative entstandene Eisenbahnmuseumspark bei Lambertsneukirchen (km 16), wo auf freier Wiese Relikte der ehemaligen Lokalbahn wie Räder, Schienen und Signale zu sehen sind. Zeit für eine kurze Einkehr im „Radl-Bahnhof" Hauzendorf sollte man sich nehmen, denn das im Giebel aufgehängte Hochrad fordert geradezu heraus, von den Anfängen des Radfahrens zu erzählen.

Wir kennen einen fünfjährigen Marcel, der die gesamte Strecke selbstradelnd, wenn auch mit einigen Müdigkeitsstürzen, geschafft hat. Das ist zwar beeindruckend, aber sicher ein Sonderfall an Kraft und Leistungswillen. Mit „Durchschnittskindern" läßt sich die schöne Radtour durchaus auch in Teilstrecken genießen. Schließlich kann man einfach ein paar Bushaltestellen vor Falkenstein aussteigen. Der Kindersitz für den Notfall und eine Befestigungsmöglichkeit für das Kinderrad auf dem Gepäckträger ist die kompliziertere Lösung.

Die Radwanderstrecke bis Gonnersdorf beträgt 35 km. Wer sich mit selbstradelnden Kindern die gesamte Strecke vornimmt, sollte bedenken, daß der idyllische Radweg bei Gonnersdorf endet und von dort bis zum Geh- und Radweg in Verlängerung der

Hochräder konnten sich um 1860 nur sehr reiche Leute leisten; es gab jedoch auch leidenschaftliche Sportler, die sich für diese Anschaffung hoch verschuldeten. Die ersten Hochradfahrer wurden nicht begeistert aufgenommen, denn sie erschreckten harmlose Spaziergänger auf den Wegen und blickten scheinbar oder wirklich arrogant vom hohen Stahlroß herab auf das „niedere Fußvolk". Kein Wunder also, wenn Zuschauer die ersten Fahrversuche, mißglückte Bremsmanöver und halsbrecherische Stürze der Hochmütigen mit Schadenfreude, Hohn und Spott begleiteten. Besonders schwierig war es für die sportbegeisterten Damen, auf das Hochrad zu gelangen. Ihre langen Röcke gerieten in die Speichen und störten die Bewegungsfreiheit beim Ausbalancieren. Darum gingen die Frauen, von allen Seiten belächelt, bald zu weiten Pumphosen über. Und die Kinder? Für die ganze Familie gab es ein Sondermodell: zwei nebeneinander verschweißte Hochräder als Tandem mit angebautem Kinderanhänger, in dem ein Säugling wie im Kinderwagen schlafen konnte.

Sandgasse wieder die verkehrsreiche Straße befahren werden muß. Von Gonnersdorf über die Sandgasse in die Innenstadt kommen nach dem offiziellen Ende des Radwanderweges noch ein paar Kilometer hinzu, so daß unser Kilometerzähler am Ostentor insgesamt 42 km anzeigt.

Daß wir uns bewegt haben, merken wir nun auf angenehme Weise. Es ist ein spürbarer Unterschied, ob die Terminhetze des Alltags oder Bewegung und Erlebnisse an der frischen Luft müde machen. Überraschend früh und ohne das gewöhnliche Theater sind heute auch die Kinder im Bett.

INFORMATIONEN

Länge der Radltour
Falkenstein - Radwegende bei Gonnersdorf: ca. 33 km

Eignung
Die gesamte Strecke ist nur für selbstradelnde Kinder geeignet, die schon eine gute Kondition mitbringen. Zu berücksichtigen ist auch, daß ab Gonnersdorf noch einige Kilometer im Stadtgebiet zurückzulegen sind.

Erreichbarkeit
Fahrt mit dem „Radl-Bus" nach Falkenstein (RVV-Linie 34)
Fahrtdauer: 70 - 80 Minuten

Allgemeine Hinweise
Der Radl-Bus mit Anhänger fährt von Ende April/Anfang Mai bis Anfang/Mitte Oktober an jedem Samstag, Sonn- und Feiertag sowie täglich während der Pfingst- und Sommerferien.
Vorherige telefonische Anmeldung unter Tel. 09 41/5 00-3 88 (Montag - Freitag bis 21.00 Uhr)
Auskünfte: RBO-Verkaufsbüro, Tel. 09 41/99 90 80; GFN 09 41/46 31 90

Fahrpreisbeispiele:
Erwachsene   Regensburg - Falkenstein   4,50 DM mit BahnCard
Kinder   Regensburg - Falkenstein   4,50 DM
Gruppenermäßigung 50%
ab 10 Personen oder Sechserkarte (20% Ermäßigung)
Fahrradbeförderung   3,00 DM

Einkehrmöglichkeiten
Gasthäuser in Hackenberg (etwas abseits), Lambertsneukirchen, Hauzendorf (Radl-Bahnhof), Erlbach, Bernhardswald (etwas abseits), Wenzenbach, Irlbach und Gonnersdorf

SCHAU MAL!

Vergessene Fahrradmodelle

Davis Dampffahrrad

Hussongs Eisfahrrad

Fußräder

Hemmings Einrad

John Hobbys Einrad

Die einsamen Mühlen ...

im Labertal zwischen Mausheim und Beratzhausen

Mausheim? Wo bitte liegt das denn?!
Uns wurde gesagt, der schönste Abschnitt des Labertales liege zwischen Parsberg und Beratzhausen. Doch da es zu weit ist, mit Kindern diese ganze Strecke zu laufen, haben wir Mausheim mit seinem günstig gelegenen Bahnhof zum Ausgangspunkt für unsere Wanderung nach Beratzhausen erkoren. Im Verlauf unserer Wanderung spüren wir immer wieder wohltuend die Ruhe und Natürlichkeit dieses Tales. Es gibt weit und breit keine Straße, die Mühlen sind nicht mehr bewirtschaftet und nur selten begegnen uns andere Wanderer. Und wenn die Idylle für die Kinder gar zu intensiv wird, sorgen das Vorlesen und Ausdenken von Mitmach-Geschichten stets für eine willkommene Abwechslung.

O-hibbele-habbele-hobbele-hausheim
wir steigen aus im kleinen Mausheim
O-bibbele-babbele-bobbele-baaber
und wandern dann zur Schwarzen Laber
O-hibbele-habbele-hobbele-hühlen
im Labertal steh'n viele Mühlen
O-mibbele-mabbele-mobbele-mill
die Mühlen stehen leider still
O-bibbele-babbele-bobbele-bische
im Wasser sind gar viele Fische
O-hibbele-habbele-hobbele-hauber
denn das Wasser ist sehr sauber
O-mibbele-mabbele-mobbele-maden
am liebsten gingen wir jetzt baden
O-bibbele-babbele-bobbele-beiter
doch wir laufen immer weiter
O-hibbele-habbele-hobbele-hiere
beim Wandern sehn wir viele Tiere
O-mibbele-mabbele-mobbele-minge
Käfer und viel' Schmetterlinge
O-bibbele-babbele-bobbele-beisen
und eine Burg von Waldameisen
O-hibbele-habbele-hobbele-heißig
die Ameisen, die sind gar fleißig
O-mibbele-mabbele-mobbele-mausen
wir sind nun bald in Beratzhausen
O-bibbele-babbele-bobbele-beis
und dort gibt's dann erst 'mal ein Eis ...

Frei nach H. Hannover:
Der vergeßliche Cowboy und
andere Mitmach-Geschichten

Vom Ort Mausheim sehen wir wenig, als wir am Bahnhaltepunkt aus dem Zug aussteigen. Da der direkte Weg ins Labertal aufgrund des Autoverkehrs im Mühltal vor allem für Wanderer mit Kindern nicht zu empfehlen ist, haben wir uns für die zwar etwas weitere, aber landschaftlich sehr schöne Route über den Ruxhof und das Seetal entschieden.

Unterhalb des Bahnhaltepunktes müssen wir erst ca. 200 m auf der schwach befahrenen Straße zurücklaufen, bis wir nach links auf den Weg zum Ruxhof abbiegen können.

Dieses Gehöft ist ein schön gelegener großer Bauernhof mit alten Gebäuden, Stallungen, Wiesen und Weiden. Die Kinder entdecken sogleich die Kälber im Stall und spielen mit den umherlaufenden Katzen.

Nach dem letzten Nebengebäude wenden wir uns nach links einem unscheinbaren Wiesenpfad zu und laufen in einem Bogen hinunter in den Wald. Gleich nach dem ersten kleinen Waldstück biegen wir nach rechts ab und nähern uns auf einem abwechslungsreichen Pfad dem Seetal. Unsere Kinder sammeln Tannenzapfen, Zweige und Wiesenblumen, den Kleinen macht es Spaß, von Wurzel zu Wurzel zu springen - und wir Erwachsenen genießen die Ruhe dieser abgeschiedenen Landschaft mit ihrem ständigen Wechsel zwischen vom Sonnenlicht durchfluteten Mischwäldern und finsteren, geheimnisvollen Nadelwäldern. Im Seetal angekommen, wenden wir uns nach rechts und erreichen bald die Pexmühle im Tal der Schwarzen Laber (ab hier Markierung roter Kreis). Von diesem idyllischen Fleckchen sind die Kinder kaum wegzubekommen. Von einem kleinen Steg aus kann man das alte Mühlrad sehen. Im dunklen klaren Wasser tummeln sich viele Forellen - ein Zeichen dafür, daß das Wasser der Laber noch sauber ist.

Die Kinder sind ganz begeistert von einem kleinen Holzmännlein, das früher durch die Wasserkraft in Bewegung gesetzt wurde - doch dieser Mechanismus ist leider defekt.

Nachdem wir unsere Kleinen auch von den Gänsen und Truthähnen weggelotst haben, machen wir uns weiter auf den Weg laberabwärts.

Nach wenigen hundert Metern auf der schmalen Asphaltstraße erwartet uns schon die nächste Überraschung: Hoch auf den Wipfeln des angrenzenden Waldes sehen wir eine Gruppe von *Graureihern* sitzen: ungewohnt große Vögel mit langen Hälsen und spitzen Schnäbeln. Gespannt verfolgen wir sie mit unseren Blicken. Werden sie sich in die Lüfte erheben? Wir brauchen nicht lange zu warten, bis einer nach dem anderen zu einem an Eleganz kaum zu überbietenden Flug ansetzt.

Bei der Königsmühle kreuzen wir die Straße, die durch das Mühltal nach Mausheim hinaufführt. Wir wandern nun wieder auf schmalen Wald- und Wiesenwegen. Auf einer kleinen Wiese nah am Wasser machen wir Rast.

Die Stärkung hat gutgetan und uns wieder aufnahmefähig gemacht für die Schönheit der uns umgebenden Landschaft. Auf der linken Seite fließt die Laber ruhig dahin, eingebettet in Wiesen und Sträucher. Immer wieder genießen wir den Blick durch das Ufergrün auf das glitzernde Wasser. Wenn man die Gräser und Wiesenblumen intensiver beobachtet, kann man Schmetterlinge in einer kaum noch für möglich gehaltenen Artenvielfalt beobachten.

Auf der rechten Seite beginnt unmittelbar am Wegrand der Mischwald. Es reizt uns, diesen steil ansteigenden Wald näher zu erkunden und auf den zahlreichen Felsen herumzuklettern, doch vorerst bleiben wir auf unserem Weg im Tal.

In einem Waldstück vor der Kohlmühle entdecken die Kinder einen Ameisenhügel. Eine ganze Weile werden die *Ameisen* bei ihrem munteren Treiben beobachtet. Die Wirkung der Ameisensäure wird erfolgreich getestet.

Wie wunderbar ist so ein Reiher,
wenn überm Fluß die Nebelschleier
im ersten Sonnenstrahl verrauchen
und die gewaltigen Vögel tauchen
mit ihrem ruhigen Flügelschlag
grausilbern in den bunten Tag!
Wenn er sich nicht bewegen will
steht wie ein Stock der Reiher still,
ein Anblick, den wir gern genießen -
bis auf die Jäger, die gleich
schießen ...

Eugen Roth: Tierleben

... und die mit dafür gesorgt haben, daß es eine Zeitlang bei uns kaum noch Graureiher zu sehen gab! Bis Mitte der 60er Jahre war der Graureiher in unseren Flußlandschaften so gut wie ausgestorben und erst nach mühevoll durchgesetzten Schutzmaßnahmen konnten für diese Vogelart wieder attraktive Lebensräume geschaffen werden.

Die meisten Ameisenarten leben unter der Erde. Etliche bauen aber auch komplizierte Nester über der Erde, so wie die Roten Waldameisen, deren große Ameisenhaufen wir bei der Wanderung gesehen haben. Meistens ärgern wir uns über Ameisen, wenn wir auf der Wiese liegen, sie uns über die Beine krabbeln und uns „anbieseln", so daß unsere Haut brennt. Diese Ameisensäure dient zur Abwehr von Feinden und zum Töten der Beute und bewirkt etwas Sonderbares: Wenn man eine violette Blüte, z. B. eine Glockenblume, nahe an einen Ameisenhaufen hält, besprühen die Ameisen sie aus ihrem Hinterleib mit einer scharf duftenden Flüssigkeit. Dort, wo die Blüte von der Flüssigkeit getroffen wird, färbt sie sich durch die saure Flüssigkeit rot.

Mit dem Duft der Säure markieren die Ameisen ihre Straßen, die vom Bau in alle Richtungen tief in den Wald führen. So finden sie immer zurück, wenn sie von weit her, selbst aus den Baumkronen, Tannennadeln, Holzstückchen, Raupen, Schmetterlinge, Pflanzensamen und sogar Käfer, die das 100fache ihres eigenen Gewichtes haben, transportieren.

Kurz nach der Kohlmühle bemerken wir unmittelbar vor der Laberbrücke ein Hinweisschild zu einer Quelle. Nach etwa 200 m auf einem schmalen Pfad erreichen wir einen besonders idyllischen Ort an einem Fischteich. Die Kinder genießen das Spiel mit dem austretenden glasklaren und eiskalten Wasser - wir haben einen wunderbaren Platz für ein Picknick gefunden!
Wieder an der Brücke angekommen, wechseln wir die Laberseite. Doch vorher nehmen wir uns auf der Brücke Zeit für ein kleines Spiel, das gerade die Jüngsten unter den Kindern immer wieder begeistert: Tannenzapfen, Rindenstücke oder ähnliches auf der einen Seite der Brücke ins Wasser werfen, dann schnell hinüberlaufen und beobachten, wie die „Schiffchen" unter der Brücke hervorkommen.

Sehr bald finden wir im Wald nur wenig oberhalb des Weges einen gut geeigneten Platz für ein Unterfangen, das wir den Kindern bereits vor Beginn der Wanderung versprochen haben: den Bau eines Baumhauses. Da wir einen Architekten dabeihaben, ist das Ganze kein Problem! Sogleich ist das Konzept entworfen, einen Felsen als Grundstock zu nehmen und mit Ästen und Zweigen daran anzubauen. Die so in kürzester Zeit entstehende Holzkonstruktion ist beachtlich. Stolz sitzen die Kinder anschließend gemeinsam in „ihrem Haus" und können sich kaum davon trennen.

Kurz bevor wir auf unserem Flurweg die Straße nach Schwarzenthonhausen erreichen, kommen wir noch in den Genuß einer besonderen Naturschönheit: eine große *Zebraspinne* sitzt leuchtend und unnahbar in einem Strauch am Wegesrand.

Nun befinden wir uns bereits am nördlichen Ortseingang von Beratzhausen. Von hier ab gibt es zwei Möglichkeiten. Entweder man überquert bereits jetzt die Brücke und nähert sich auf der Wassergasse der Ortsmitte oder man folgt der Wanderwegmarkierung und wandert an der Ostseite der Laber unterhalb der „Hohen Felsen" und am Spielplatz vorbei über den Alleeweg zum Kern der Marktgemeinde.

Da wir bis zur Abfahrt unseres Zuges noch Zeit haben, erholen wir uns erst einmal in einem Cafe an der Hauptstraße, bis wir den etwa 15minütigen Weg über die Marktstraße, den Hinteren Markt, die Sudetenstraße, die Ceyrater Straße und die Unterführung hinauf zum Bahnhof in Angriff nehmen.

Den Namen hat die Zebra- oder Wespenspinne wegen der auffallend wespenartigen gelbschwarzen Querbänderung des Hinterleibes. Ursprünglich war dieses interessante Tierchen mehr in Südeuropa zu finden, doch inzwischen breitet es sich auch bei uns aus und ist mit etwas Glück vor allem auf trockenen Heiden oder nassen Wiesen zu sehen. Besonders bemerkenswert sind die Verführungskünste des Weibchens: Es lockt nämlich das Männchen durch „Hüftwackeln" zur Paarung an - um es dann nach der Begattung (in den meisten Fällen) aufzufressen!

Unsere Kinder wachsen in einem städtischen Umfeld auf. Zwar bestehen in Regensburg zum Glück selbst im Stadtgebiet vielfältige Möglichkeiten der Naturerfahrung, beispielsweise im Inselpark auf dem Oberen Wöhrd, im Donaupark oder auf der Jahninsel. Doch wer das Rauschen von Bäumen oder das Plätschern eines Baches ohne die zivilisationsbedingten Hintergrundgeräusche genießen möchte, der muß in die „freie" Natur flüchten.

SPIEL MAL!

Ein Ausflug ins Labertal mit seiner in weiten Teilen noch ungestörten Landschaft ist in besonderer Weise dazu geeignet, Kindern spielerisch ein lebendiges Bewußtsein für ihre natürliche Umwelt zu vermitteln - sie offen für die Schönheiten und Geheimnisse der Natur zu machen.

Das große Suchen
Alter der Kinder: ab 5 Jahre
Benötigte Materialien: Suchlisten

Die Kinder bekommen eine vorher zusammengestellte Liste mit Dingen in die Hand, die sie in ihrer Umgebung suchen sollen. Hierbei sind Beobachtungsgabe, Verstand und Phantasie gefragt.

J. Cornell: Mit Kindern die Natur erleben

Erdfenster
Wo wird es am besten gespielt?
Im Wald
Alter der Kinder: ab 7 Jahre

Im Spiel „Erdfenster" lernen die Kinder (oder auch Erwachsene), sich als Teil der Erde zu empfinden und den Wald durch die Augen des Waldes zu erleben.
Die Kinder liegen mit Blättern, Stöckchen und Tannennadeln bedeckt auf der Erde. Durch Löcher in der „Decke" können sie aus ihrem „Waldzimmer" herausspähen und die Wipfel der Bäume und die vorüberziehenden Wolken betrachten. Die Kinder werden still und achten nur auf die Geräusche des Waldes: das Flüstern der Bäume, das Flattern der Vögel und das Rauschen des Windes.

J. Cornell: Mit Kindern die Natur erleben

SUCHLISTE

Suche die folgenden Dinge:

1. Etwas Schönes
2. Etwas, das ein Geräusch macht
3. Etwas, das für die Natur wichtig ist
4. Ein Insekt
5. Eine Feder
6. Ein angeknabbertes Blatt
7. Einen Tannenzapfen
8. Drei von Menschen hinterlassene Abfallstücke
9. Etwas Weiches
10. Etwas, das auf dem Wasser schwimmt.

INFORMATIONEN

Länge der Wanderstrecke
ca. 8 km

Eignung
auch für Familien mit kleineren Kindern (ab ca. 5 Jahre)

Einkehrmöglichkeiten
direkt an der Strecke keine; mehrere in Beratzhausen, darunter die Bahnhofsgaststätte Beratzhausen (günstig gelegen), ab 16.00 Uhr, Montag Ruhetag, Tel. 0 94 93/25 07

Erreichbarkeit

Hinfahrt mit der Bahn ab Regensburg Hbf nach Mausheim (Züge in Richtung Nürnberg), Rückfahrt mit der Bahn ab Beratzhausen Bhf
Fahrtdauer: 25 – 30 Minuten
Die Züge bei der Hinfahrt halten auch in Regensburg-Prüfening!

Fahrpreisbeispiele:
Erwachsene Regensburg - Mausheim mit BahnCard: 4,50 DM
RVV-Streifenkarte: Zone 5 (Erwachsene 6 Streifen, Kinder 3 Streifen)
RVV-Tageskarte: Sa/So 6,00 DM (für 2 Erwachsene und eigene Kinder bis 15 Jahre)

Auskünfte: Regensburger Verkehrsverbund (RVV), Tel. 09 41/7 97 56 75; Hauptbahnhof Regensburg: Tel. 09 41/1 94 19 oder 1 15 33

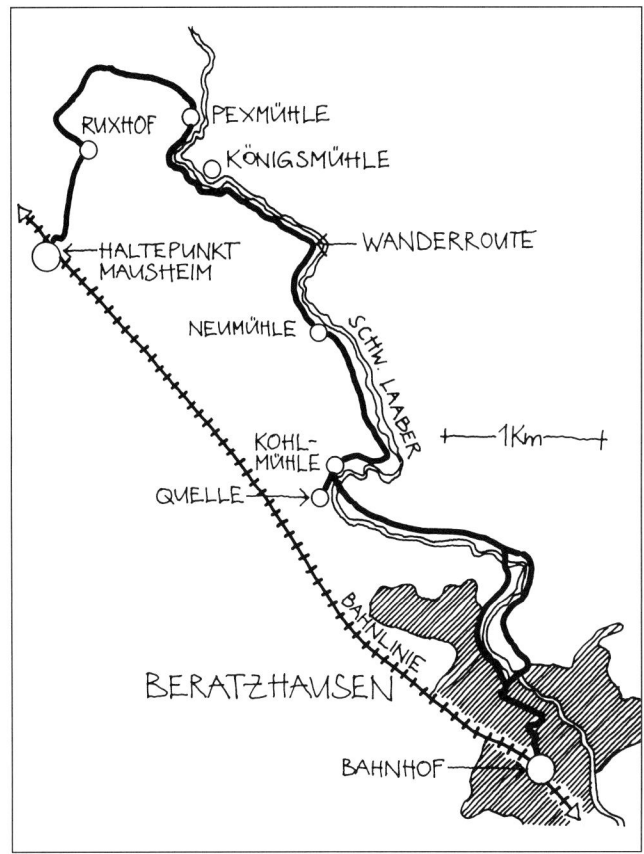

Das Leben der einfachen Leute ...

im Freilandmuseum Neusath-Perschen

Aufatmen, weg von der Stadt - Natur, alte Häuser, die bei dem einen oder anderen auch Kindheitserinnerungen wach werden lassen. Ein Stück Natur, unberührt, man fühlt sich eingebunden, mittendrin. Ist die Zeit hier stehengeblieben?

Die Kinder spüren sehr schnell, daß ein ständiges Gängeln, paß auf, bleib stehen, hier nicht notwendig ist. Es kehrt Ruhe ein. Das Verweilen an einer Stelle, bei einer Blume, einem Tier, am Teich, in einem Haus kann selbst bestimmt werden.

Eltern, Kinder und Großeltern fühlen sich hier wohl.

Unser Zug bringt uns ohne Umsteigen von Regensburg nach Nabburg. Wir möchten gleich mit dem Elektrobus - eine neue Einrichtung der Stadt Nabburg - weiter ins Freilandmuseum nach Neusath fahren. Da wir noch Zeit haben, steigen wir nicht am Bahnhof ein, sondern laufen über die Bahnhofstraße und links die Regensburger Straße in Richtung Stadtmitte. Nach etwa 500 m sehen wir den südlichen Eingang zur Altstadt, die alte mächtige Stadtmauer mit ihren wehrhaften Türmen, Toren und Zinnen. Hinter dem Tor befindet sich gleich rechts am Unteren Markt die Haltestelle des Elektrobusses (Fußwegdauer vom Bahnhof: ca. 15 Minuten).

Der Elektrobus bringt uns völlig geräuschlos, ein seltsames Gefühl, zum Museumsdorf.

Hier wird durch den Wiederaufbau von ca. 30 Gebäuden aus der Zeit vom 16. bis zum 19. Jahrhundert eindrucksvoll und anschaulich gezeigt, wie unsere Vorfahren gelebt, gewohnt und „gewirtschaftet" haben.

Die Lebendigkeit und Faszination für Kinder ist um so größer, als sie „belebte Häuser" vorfinden. Mit zeitgenössischen Einrichtungs- und Gebrauchsgegenständen und Geräten, die auf das Handwerk, auf die Verarbeitung von Nahrungsmitteln und auf die Arbeit für das tägliche Brot hinweisen, wird der Zusammenhang zwischen Mensch und Natur aufgezeigt. Häuser, Stallungen und Scheunen zeigen ihr Innenleben.

Kinder sind Freunde der Tiere, denen sie hier im Stall und auf der Weide begegnen können. Viele Haustiere wie Schweine, Gänse, Ziegen und Hühner können in ihrem natürlichen Umfeld beobachtet werden. Gefüttert und betreut werden sie von Museumsarbeitern, die auch für den Anbau und die Ernte von Getreide und Gemüse sorgen. Ein Dorfleben also, das unmittelbare Anschauung, Gefühle, Erlebnisse und Erfahrungen zuläßt. Das hautnahe Erleben macht die Kinder neugierig und durch die lebenspraktische Art der Darstellung fragen sie nach. Das Ziel, Kinder für die Geschichte dieser Region zu interessieren, gelingt auf eine vielfältige Art und Weise.

Die ersten sichtbaren Häuser bilden das Stiftlanddorf. Die altertümlichen Kutschen in diesem *Vierseithof* fordern Kinder zum Klettern auf.

Neuser, K./ Prüll, H./ Rump, H.-U.: Museumsführer für Kinder von Kindern, Hrsg.: Landesstelle für die Betreuung der Nichtstaatlichen Museen in Bayern beim Bayer. Landesamt für Denkmalpflege, Verlag Schnell & Steiner, 2. Aufl., München Zürich 1991, Abb. S. 24.

Wohnstallhaus

Bei einem Vierseithof ist die rechteckige Hoffläche an allen vier Seiten von Gebäuden (Wohnhaus, Stallungen, Scheunen etc.) umschlossen. Das Wohnstallhaus deutet auf die Nähe des Zusammenlebens von Mensch und Tier hin; alle sind auf einer Etage untergebracht.

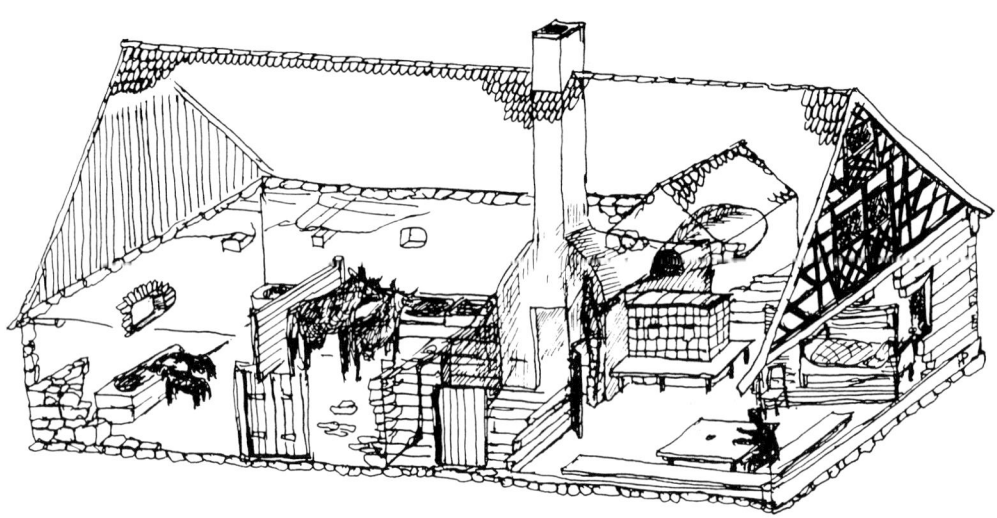

Die Kinder bemerken sehr schnell, daß Tiere und deren Ställe meist links vom Hauseingang zu finden sind. So suchen sie auch ganz zielsicher Ziegen, Hühner, Küken und Kühe auf. Neu sind für die Kinder einige Gerätschaften in Haus und Hof. Sie erfahren etwas über die Herstellung von Butter(-milch) in einem Butterfaß und über die Arbeit an einem Webstuhl.

Neben dem kleinen Hirtenhaus laufen plötzlich einige kleine Ferkel frei umher; die Muttertiere können den Zaun nicht überwinden. Schnell sind die Kinder dabei, die Schweine zu beobachten - etwas unsicher versuchen sie, sich den Tieren zu

Die Webtechnik ist sehr alt. Aber erst im 18. und 19. Jahrhundert erfand man Webmaschinen, die im Laufe der Zeit so perfektioniert wurden, daß heute ein Arbeiter bis zu 10 Webstühle gleichzeitig bedienen kann.

nähern. Das Quieken ist jetzt ein Stimmengemisch und die Verursacher können nicht eindeutig unterschieden werden ...
Unsere heimatkundlichen Erläuterungen werden völlig uninteressant.
Der Rundgang im Gelände ist mit gelben Pfeilen ausgeschildert und wir kommen zum Waldlerdorf. Am Weg sind verschiedene Getreidesorten angebaut und mit Schildern ausgezeichnet. Die Kinder laufen voraus und stehen fasziniert vor einem balzenden Pfau in seiner ganzen Farbenpracht. „Wie kommt der mit seinem Rad wohl in seinen Stall?" - diese Frage beschäftigt die Kinder sehr.

In Innhäusern lebten Familien, die selbst kein Ackerland besaßen, sondern für den Bauern arbeiteten. Das Haus gehörte zum Bauernhof. Der Hofbesitzer gab den Leuten ein kleines Stück Ackerland, das sie selbst bewirtschaften konnten.
Sölden sind kleine Höfe, von deren Ertrag allein die Besitzer nicht leben konnten; so mußten sie oft zusätzlich als Handwerker im Dorf arbeiten.

Wir besichtigen ein *Innhaus* und eine *Sölde*, den „Langerbauerhof". Nachttöpfe unter den Betten geben Anlaß zur Heiterkeit.
Auf dem Söldengelände steht ein Backofen – Näheres über das Brotbacken erfahren wir im Mühlental, bei der Rauberweihermühle.
Doch vorher geht es am Waldrand und an Wiesen entlang bergab und schon von weitem begrüßen uns die Frösche am Weiher mit ihrem lautstarken Konzert.
Für Kinder ist eine Mühle etwas sehr Beeindruckendes. Diese beherbergt eine Ausstellung. Gerätschaften zum Brotbacken motivieren die Kinder, selbst etwas über die Herstellung und Verarbeitung von Getreide zu erzählen. Zwei Kinder beobachten im

Freien das Drehen des Mühlrades und laufen sofort zurück in die Mühle, um zu kontrollieren, ob auch innen eine Bewegung zu sehen ist.

Weiter geht es zum Juradorf. Durst stellt sich ein. Das Tafernwirtshaus, ein wiederaufgebautes Gebäude aus dem 17. Jahrhundert mit einem schönen, gemütlichen Biergarten und echt bayerischen Brotzeiten, ist bereits in Sicht. Die Kinder beobachten noch eine Weile das lustige Treiben im Froschteich; Lachen, aber auch Grusel kommt auf, wenn ein Frosch in ihrer Nähe ganz plötzlich weghüpft. Ein erholsamer Biergartenbesuch in der Tafernwirtschaft mit einer Blätterkronenbastelei beendet den Rundgang im Freilandmuseum zu aller Zufriedenheit.

Der Rückweg zur Haltestelle des Elektrobusses ist in etwa 20 Minuten zu schaffen.

Wir haben noch Zeit und steigen in Nabburg bereits am Unteren Markt aus. Ein kleiner Rundgang durch die Altstadt mit einer Kaffeepause in einem familiären Hinterhof läßt die Tour gemütlich ausklingen.

Eine Großmutter erzählt

Das Leben vor 60 Jahren hat ganz anders ausgesehen.

Auf einem Bauernhof lebten Großeltern, Eltern und Kinder zusammen. Anders als heute hatte eine Familie acht und mehr Kinder. Es gab keinen Kindergarten und das Spielzeug der Kinder waren Steine, Holz, Gräser, Zweige - alles, was sie in ihrer Umwelt finden konnten. Nicht immer besaßen sie eine Puppe, einen Ball oder einen vom Vater selbst gebastelten Kaufladen oder eine Puppenküche.

Zum Anziehen gab es für Buben und Mädchen in den ersten Lebensjahren bis zum Schuleintritt lange Hemdchen; eine Unterwäsche war nicht unbedingt üblich. Frauen mußten die Wäsche für ihre Kinder selbst nähen oder eine Nachbarin kam zu Hilfe. Nachbarschaftshilfe war großgeschrieben; man half sich aus, wo es nur ging. Das Schuhwerk bestand für Kinder im Sommer aus selbstgefertigten Holzschuhen, die aber auch nicht immer getragen werden durften, damit sie nicht abgenutzt wurden.

Schulkinder hatten häufig Schulwege von bis zu einer Stunde zu Fuß zurückzulegen. Sieben Klassen, also etwa 50 Kinder, waren in einem Raum untergebracht und wurden gemeinsam unterrichtet. Die Schule dauerte von 8 - 12 Uhr, anschließend wartete zu Hause das Mittagessen. Während es zum Frühstück Malzkaffee und Brot oder „weiße Suppe" aus Milch und Mehl gab, kamen zum Mittagessen Kartoffeln, Sauerkraut und selbst ange-

HÖR MAL!

bautes Gemüse auf den Tisch. Fleisch bekamen die Kinder nur alle 14 Tage. Als Pausenbrot für die Schule gab es einen Apfel und ein Stück Trockenbrot.

Arbeiten mußten die Kinder schon in sehr jungen Jahren. So hatte jedes Kind nach den Hausaufgaben Hausarbeiten zu erledigen oder am Hof und im Feld mitzuhelfen. Kinder fütterten die Tiere, trugen Holz in die Küche, holten Kartoffeln aus dem Keller oder arbeiteten auf dem Feld bei der Heu- und Kartoffelernte mit. Im Haus halfen sie mit beim Spülen, größere Kinder mußten auf jüngere Geschwister aufpassen. Zum Spielen blieb wenig Zeit. Hüpfspiele, Ballspiele, Spiele mit selbst gebasteltem Indianerschmuck, Pfeil und Bogen waren sehr beliebt. Die Kinder gingen früh zu Bett, da sie häufig schon um 5.30 Uhr aufstehen und noch vor Schulbeginn beim Füttern der Tiere mithelfen mußten. Oma und Opa unterstützten die Familie im Haushalt und auf dem Feld. Besonders gern hörten die Kinder zu, wenn die Großeltern von früher erzählten ...

... und wie sieht dein Tagesablauf aus?

Eignung

Für alle Altersstufen (Kinder, Eltern und Großeltern) ein Erlebnis! Buggy-mitnahme ist kein Problem.

Erreichbarkeit

Hin- und Rückfahrt mit der Bahn ab Regensburg Hbf nach bzw. von Nabburg Bhf. Fahrtdauer: ca. 45 Minuten
(z. T. Umsteigen in Schwandorf)

Fahrt mit dem Elektrobus ab Bhf. Nabburg oder Haltestelle Unterer Markt ins Freilandmuseum Neusath und wieder zurück, Fahrtdauer: ca. 15 Min.

Besondere Hinweise: Der Elektrobus ist ein derzeit laufender Modellver-such, der hoffentlich mit verbessertem Fahrplan zur Dauereinrichtung wird. Da in der Probephase die Fahrpläne öfter wechseln, wird empfoh-len, die aktuellen Abfahrtszeiten vor Fahrtantritt telefonisch zu erfragen (Omnibusverkehr Wild, Nabburg, Tel. 0 94 33/14 44)

Fahrpreisbeispiele:
Erwachsene Regensburg - Nabburg mit BahnCard: 6,80 DM
Fahrpreis Elektrobus: 1,00 DM/Person

Auskünfte: Hauptbahnhof Regensburg, Tel. 09 41/1 94 19 und 1 15 32

Öffnungszeiten, Eintrittspreise und allgemeine Hinweise

Museumssaison: Ende März bis Mitte November (Montag Ruhetag!)
Dienstag - Sonntag 9.00 Uhr - 18.00 Uhr (Einlaß bis 17.00 Uhr)

Eintrittspreise:
Erwachsene   5,00 DM
Familientageskarte   12,00 DM
Schüler, Studenten, Behinderte   2,00 DM
Familienjahreskarte   50,00 DM

Führungen sind jederzeit nach vorheriger telefonischer Anmeldung mög-lich (Kasse, Tel. 0 94 33/81 34 oder Tel. 0 94 33/17 35).

Hinweis: Jährlich wird ein Veranstaltungsprogramm herausgegeben (an der Kasse erhältlich).

Empfehlenswerte Literatur

Museumsführer für Kinder von Kindern, Oberpfälzer Freilandmuseum Neusath-Perschen, Band 3, 1989, an der Kasse für 5,00 DM erhältlich.

Einkehrmöglichkeiten

Tafernwirtschaft im Freilandmuseum, andere Gasthäuser und Cafes in Nabburg.

Kaffeeklatsch und Schreckenplage ...

rund um die Friesenmühle im Labertal

Es plagt die Schrecke, es schreckt die Plage? So war es schon im biblischen Zeitalter. Heuschrecken gab es bereits vor 150 Millionen Jahren. Auch heute noch zählen die Heuschrecken in tropischen Ländern zu den schlimmsten Pfanzenschädlingen. Sie vereinigen sich zu Milliarden, die als dunkle Wolken durch das Land ziehen und „die Sonne verfinstern". Restlos werden alle Pflanzen, Bäume, Sträucher, auf die sie bei ihrer Wanderung treffen, vernichtet. Eine fürchterliche Katastrophe, die oft genug zu Hungersnöten führte. Heute wehrt man sich gegen Heuschreckenplagen mit Giftstoffen, die aus der Luft versprüht werden. Geröstete Einzelexemplare sind jedoch in vielen tropischen Ländern ein täglicher Leckerbissen. Trotz allem geht der Name dieser Insekten nicht auf „schrecklich" oder „erschrecken" zurück, sondern läßt sich auf das althochdeutsche „screckan" für „springen" zurückführen. Bei uns in Europa verschwinden leider immer mehr Heuschreckenarten, denn ihre Lebensräume werden kleiner oder ganz zerstört. Ein Grund mehr also, dieser interessanten Tierart mit den Kindern einmal besondere Aufmerksamkeit zu widmen!

Heute am Sonntag steht uns der Sinn nach einem Kaffeeausflug ins Grüne, den wir mit einer „Heuschreckenexpedition" verbinden wollen. Auf Magerwiesen und Trockenrasenhängen haben wir die größten Chancen verschiedene Arten zu finden.

Mit dem Radl geht's zum Bahnhof und weiter mit dem Zug nach Beratzhausen. Am Zielbahnhof angekommen, führt uns der „Birkenweg" durch die Siedlung zum Wald (Weg 64). Vom Waldweg, der über 1,2 km hinunter ins Tal führt, zweigt nach wenigen Schritten ein „Zwergenpfad" ab, der neugierige Wanderer zur „schönen Aussicht", dem Friesenfels, bringt. Beeindruckend steil geht es dort ins Labertal hinab. Der grüne Markierungsstreifen führt uns weiter über den abschüssigen Waldweg direkt hinunter zum Gasthof Friesenmühle. Was hatten wohl die Friesen an der Laber zu suchen, denkt so mancher, aber der Name geht auf einen ehemaligen Besitzer zurück. An gemütliche Freisitze grenzt hier eine große Wiesenfläche, auf der die Kinder sich austoben können und die erste Bekanntschaft mit Heuschrecken machen. So landet manch ein gefundenes Exemplar völlig verdattert auf dem Kaffeetisch. Ein paar Spielgeräte sorgen zusätzlich für elterliche Ruhe, und die Nähe zur Laber lockt die Abenteuerlust. Nach der Stärkung füttern wir die hauseigenen Forellen von der kleinen Laberbrücke und betrachten die Maschinen im Sägewerk. Ursprünglich war die Friesenmühle Sägewerk und Getreidemühle, heute ist nur noch das Sägewerk in Betrieb. Nachdem wir die Hauptstraße überquert haben, wollen wir gemütlich an der Laber entlangspazieren, aber die Kinder schlagen ihren eigenen Weg ein. Sie erklimmen eifrig den steilen Trockenrasenhang, bei jedem Schritt springen *Heuschrecken* auf, die ganze Fläche lebt, überall bewegt sich was.

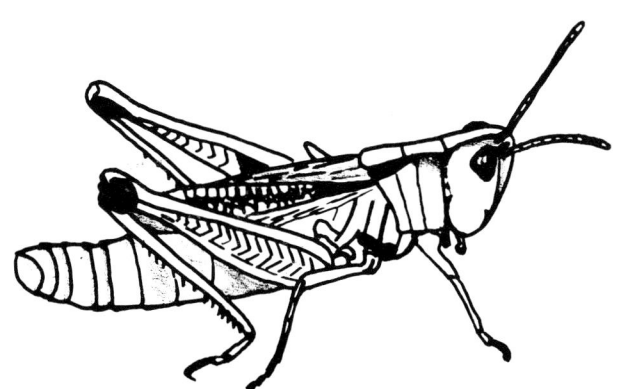

Heuschrecken sind im Hoch- und Spätsommer am auffälligsten, wenn sie an warmen Tagen zirpen. Sie werden in Kurzfühler- und Langfühlerschrecken unterteilt. Kurzfühlerschrecken sind die Feldheuschrecke, die Wanderheuschrecke und der gemeine Grashüpfer. Langfühlerschrecken sind die Grillen und die Laubheuschrecken mit ihren großen Antennen. Die Männchen der Feldheuschrecke „singen", indem sie ihre Beine gegen die harte Vene auf ihren Vorderflügeln reiben.

Unsere Becherlupen und Stablupen haben wir heute extra für die Heuschreckenbeobachtung mitgenommen. Wer findet eine grüne, eine braune, wer eine Heuschrecke mit roten Flügeln, roter Hinterleibsspitze oder mit einem Legestachel? Dieser teils beachtlich große Dorn am Hinterleib dient zur Eiablage in die Erde. Kurze Fühler, lange Fühler, jede ist anders, einige springen besonders hoch und weit. Gar nicht so einfach, diese schnellen Springer mit den Händen oder dem Becher zu fangen, sie sollen ja keinesfalls verletzt werden. Jedes Kind will einmal der edle Befreier sein und die Heuschrecke aus der Becherlupe springen sehen.

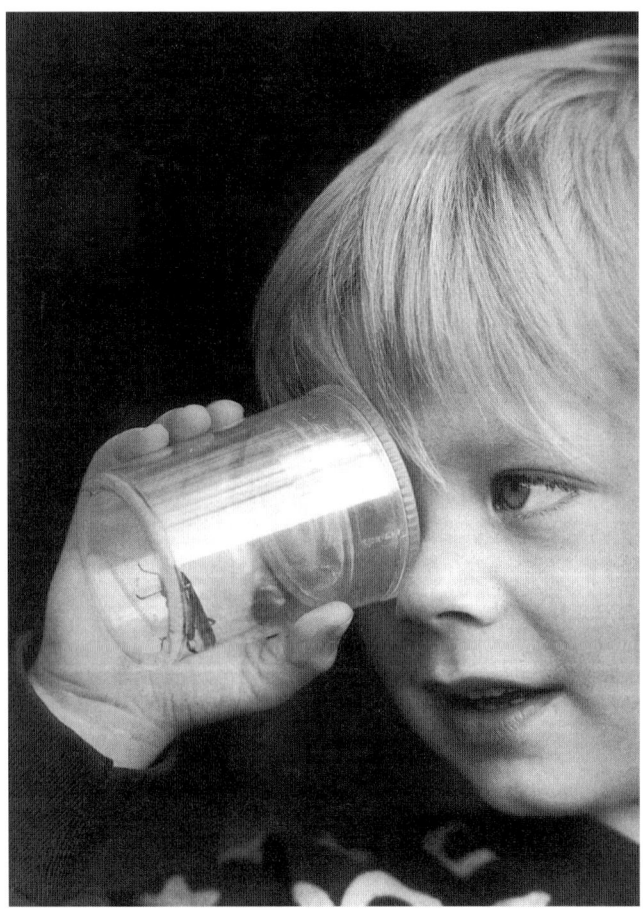

Vom Höhenweg des Hanges haben wir einen wunderschönen Blick hinunter ins Tal und großes Glück: Ein Schäfer treibt zusammen mit seinem Hütehund eine *Schafherde* auf die Talwiese.

Es dauert nicht lange, bis die Tiere sich über den Weg wagen und langsam auf unserem Hang verteilen. Fasziniert verfolgen die Kleinen und Großen dieses Schauspiel und wundern sich, wie gut der Hund die Herde auf nur ein Signal hin leitet und wieder zusammentreibt. Je näher die Schafe kommen, desto größer werden sie und flößen den Kindern Respekt ein. Wir lassen uns am Hang faul in der warmen Herbstsonne nieder, denn die Kinder wollen spielen, verschwinden im Unterholz und richten sich dort ein. Eingebunden in die Ruhe dieses schönen Ortes fällt das Aufstehen schwer, aber der Zug wartet nicht. So sind wir in einer halben Stunde wieder am Bahnhof und fahren durch die Herbstlandschaft nach Hause.

Mager- und Trockenrasen waren früher in Bayern weitverbreitete Lebensräume. Als einschürige (einmal im Jahr gemähte) Mähwiesen oder Schafweiden wurden sie seit Jahrhunderten naturschonend genutzt. Mager- und Trockenrasen sind unverzichtbare Lebensräume für viele seltene und gefährdete Pflanzen- und Tierarten. Sie bieten Insekten, Reptilien und boden- und gebüschbrütenden Vogelarten ideale Lebensbedingungen. Gepflegt werden sie durch eine wohldosierte Schafbeweidung, damit sie sich nicht allmählich wieder bewalden oder verbuschen.

SPIEL MAL!

Gulliver im Land der Riesen

Steckt auf einer Wiese mit zwei Stöckchen eine Distanz von ein paar Metern ab und verbindet die Stöcke mit einer Schnur. Denkt an die bekannte Geschichte von Gulliver und seinen Reisen. Dem Land der Zwerge glücklich entkommen, landet er im Land der Riesen. Dort ist das, was er für einen Wald gehalten hatte, nur eine Wiese. Halme, Blumen und Gräser waren für ihn so hoch wie bei uns die Bäume, die Grashalme schnitten ihn wie Messer, und sein Gewand war ganz zerfetzt. Euren abgesteckten Weg sollt ihr nun versuchen wie Gulliver oder ein kleines Insekt zu erleben. Mit einer großen Stablupe oder dem Deckel eurer Becherlupe beobachtet ihr langsam Stück für Stück entlang der Schnur, um genau zu sehen, was einem winzigen Wesen auf diesem Weg alles begegnen könnte: eine Ameise, ein glitzernder Stein, eine Spinne, ein großes Hindernis, ein Mauseloch ... was erscheint euch besonders schön, welche Gefahren könnten drohen?

INFORMATIONEN

Länge der Wanderstrecke

Bahnhof Beratzhausen - Friesenmühle: ca. 1,2 km (steiler Weg), der Abstieg durch den Wald ist nicht buggygeeignet

Erreichbarkeit

Hin- und Rückfahrt mit der Bahn ab Regensburg Hbf nach bzw. von Beratzhausen Bhf.
Fahrtdauer: 20 - 25 Minuten

Fahrpreisbeispiele:
Erwachsene Regensburg - Beratzhausen mit BahnCard: 3,40 DM
RVV-Streifenkarte: Zone 5 (Erwachsene 6 Streifen, Kinder 3 Streifen)
RVV-Tageskarte: Sa/So 6,00 DM (für 2 Erwachsene und eigene Kinder bis 15 Jahre)

Auskünfte: Regensburger Verkehrsverbund (RVV), Tel. 09 41/7 97 56 75;
Hauptbahnhof Regensburg, Tel. 09 41/1 94 19 oder 1 15 33

Einkehrmöglichkeiten

Gasthof Hammermühle, Beilnstein, Tel. 0 94 93/7 10,
Mühlenbesichtigung auf Nachfrage!
Hotel Friesenmühle, Beratzhausen, Tel. 0 94 93/7 35
Bahnhofsgaststätte Beratzhausen, Tel. 0 94 93/25 07

Mit der Waldbahn
ins Wandervergnügen ...

am Schwarzen Regen
von Zwiesel nach Regen

Es ist ein nebliger Sonntag im Oktober, als wir in Regensburg zur Gruppenwanderfahrt in den Bayerischen Wald nach Zwiesel aufbrechen. Wir sind gespannt, welches Wetter uns „oben" erwartet. Auf der Bahnfahrt durch das Donautal nach Plattling hat man das Gefühl, an einer nie enden wollenden grauen Nebelwand entlangzufahren. Vor einigen Tagen hat es (Anfang Oktober!) im Bayerischen Wald zum ersten Mal geschneit.

In Plattling steigen wir in die „Waldbahn", den Zug nach Bayerisch Eisenstein, um. Der größte Teil der Wandergruppe, darunter auch viele Kinder, gesellt sich in Deggendorf zu uns. Schon bald spüren wir, daß es nun „in den Wald" hinaufgeht. Durch eine große Kehre gewinnt die Bahn schnell an Höhe und wir sind überrascht, nach etwa zehnminütiger Bahnfahrt plötzlich wieder die Stadt Deggendorf, diesmal allerdings weit unten, zu sehen. „Das ist ja wie in der Schweiz mit den vielen Kehrtunnels", kommentiert ein 10jähriger fachmännisch. Die Kleinen erfreuen sich eher an den braun-weißgefleckten Kühen auf den Weiden und an den Weichen, bei denen der Zug immer so schön „hoppa-hoppa" macht. Besonderes Aufsehen erregt die Fahrt über das Tal der Ohe auf einer der höchsten Eisenbahnbrücken Bayerns kurz vor Regen. Manch einer traut sich nicht so recht, in die Schlucht hinunterzuschauen.

Inzwischen zeigt sich, daß es richtig war, an einem Herbsttag den nebligen Flußniederungen in die höheren Lagen des Bayerwaldes zu entfliehen. Bei blauem Himmel und strahlender Sonne sehen wir einem Wandervergnügen ganz besonderer Art entgegen.

Sich regen, bringt Segen!
Sich in Regen regen, bringt
doppelten Segen!
Sich in Regen bei Regen regen,
bringt dreifachen Segen!
Doch
sich in Regen bei Regen
im Regen regen,
das bringt den höchsten Segen!

Von einem Straubinger Geschäftsmann entwickelter Spruch

Daß der Name der Stadt Regen auf den gleichnamigen Fluß zurückzuführen ist, liegt klar auf der Hand. Doch mag vielleicht überraschen, daß auch die Stadt Zwiesel ihren Namen, wenn auch auf indirekte Weise, dem Regen zu verdanken hat. Der Heimatdichter Paul Friedl legt in seiner Zwieseler Heimatgeschichte dar, daß „Zwiesel" von dem bajuwarischen Wortstamm „zwisl", der die Form einer Gabelung bezeichnet, abzuleiten ist. Gemeint ist hier die Gabelung des Großen und des Kleinen Regens - auf dem dazwischenliegenden Land sollen früher Goldwäscher mit ihren armseligen Holzhütten den Grundstock für die heutige Stadt gelegt haben.

Beim Verlassen des Zuges in *Zwiesel* überrascht uns die Kälte in gut 600 m Höhe. Die kleinen Kinder werden in Buggys, Kinderwägen und Tragegestelle verfrachtet und dann geht es los - immer nach rechts die Dr.-Schott-Straße in Richtung Stadtmitte hinunter. Vor der Brücke biegen wir nach rechts in die Schlachthofstraße ein und gelangen bald an den Schwarzen Regen, der bereits hier, wenige Meter nach seiner Entstehung durch den Zusammenfluß von Großem und Kleinem Regen, ein stattlicher Gebirgsfluß ist. Wie das hier wohl erst im Frühjahr rauscht, wenn nach der Schneeschmelze im Böhmerwald das Wasser der Bergbäche den Fluß in ein reißendes Wildwasser verwandelt!

Am Ende der Schlachthofstraße müssen wir zur Hauptstraße nach Bodenmais hinauf und dieser nach rechts für ca. 300 m folgen, bis wir am Ortsausgang nach links über die Brücke in Richtung Kreiskrankenhaus abbiegen können. Gleich nach der Brücke führt ein eher unauffälliger Feldweg (Schild: „Feuerwehrzufahrt freihalten") nach rechts hinunter zum Fluß. Ab hier ist der abwechslungsreiche Flußwanderweg zuverlässig mit einer doppelten blauen Wellenlinie auf weißem Grund ausgewiesen.

Schon bald läßt der holperige Wurzelpfad im Nadelwald erkennen, daß die Buggymitnahme ein Fehler war. Wir werden das Gefährt und unsere Tochter wohl über lange Strecken auf den Schultern tragen müssen.

Nach kurzer Zeit weist die Wegmarkierung nach rechts zur Bahnstrecke hinunter. Wir queren zügig die Gleise und gehen unten nach links weiter. Wir wandern nun immer häufiger auf schmalen Pfaden direkt am Schwarzen Regen, die im Zuge der Holztrift schon vor langen Jahren angelegt wurden und glücklicherweise in weiten Teilen als Wanderwege erhalten blieben.

An vielen Stellen kann man direkt ans Wasser herangehen. So mancher Wanderer wird hier im Hochsommer gerne die Möglichkeit nutzen, sich im seichten glasklaren Wasser zu erfrischen. „Mama, heißt der Fluß ‚Schwarzer Regen', weil das Wasser schmutzig ist?", lautet die Frage eines Dreikäsehochs bei der Wanderung. Doch bei unseren Pausen am Wasser können sich die Kinder davon überzeugen, daß der Schwarze Regen zumindest in diesem Abschnitt wirklich noch ein blitzsauberes Gewässer ist und sein Name wohl auf andere Weise entstanden ist.

In weiten Bögen und Schlingen sucht sich der Fluß seinen Weg durch das zuweilen tief eingeschnittene Tal. Das Landschaftsbild ist geprägt von naturnahen Wäldern, kiefernbewachsenen Trockenstandorten und Hochstaudenfluren. Die Flußufer sind häufig mit Bruchweiden, Grau- und Schwarzerlen bewachsen, die oft zauberhafte Durchblicke auf den Fluß und die immer wieder aufragenden Felsblöcke erlauben. Ein besonderer Reiz liegt auch darin, daß die Fließgeschwindigkeit des Wassers sehr unterschiedlich ist. Auf tiefere und ruhige Abschnitte folgen immer wieder flache Strecken, bei denen das rasant fließende Wasser vom felsigen Untergrund aufgewirbelt wird.

Wenn man sich die Zeit nimmt, mit viel Ruhe und guten Augen die Tierwelt am und auf dem Wasser zu beobachten, kann man Wasseramseln und Bergstelzen oder - mit ganz viel Glück - auch den *Fischotter* zu Gesicht bekommen, der am Regen eines seiner letzten Jagdreviere in Süddeutschland hat.

Fischotter sind Nachttiere. Bei einem ruhigen Spaziergang am Tag lassen sie sich nicht stören. Am ehesten kann man sie von einer Brücke aus beobachten, denn dort sind sie an Menschen gewöhnt. Auf einen Fischotter deuten hin: Fischgräten, Knochen von Fröschen oder Krebsschalen am Ufer, schwarzschleimige, übelriechende Exkremente, die an auffälligen Stellen als Markierung gesetzt werden, sowie „Rubbelbahnen" am Ufer, die wie ausgetretene Trampelpfade ins Wasser führen. Linien aus Luftblasen können Hinweis auf im Wasser schwimmende Fischotter sein. Ein sanftes Quieken ist ihr Lockruf.

Unterhalb der kleinen Streusiedlung Bettmannsäge kommen wir
an ein altes, früher mit Zahnrädern betriebenes Wehr. Der Blick
von der kleinen Holzbrücke auf die wunderbare Flußlandschaft
lohnt sich. Ein Wanderweg führt nach links hinauf zum Gasthaus
und Bahnhof Bettmannsäge; wir wandern jedoch am Wasser entlang weiter.

Uns Stadtbewohnern kommt die Ruhe in diesem Tal fast unwirklich vor. Sie wird von Zeit zu Zeit kurz durch vorbeifahrende
Züge auf der Waldbahnstrecke unterbrochen, die unser ständiger
Begleiter ist. Wenige Kilometer nach Bettmannsäge überquert
die Bahn den Schwarzen Regen und wir genießen den Blick auf
die bemerkenswerte stählerne Brückenkonstruktion. Die Kinder
möchten unbedingt sehen, wie ein Zug über die Brücke fährt,
und so unterbrechen wir hier unsere Wanderung für eine Brot-
zeitpause.

Bevor wir auf die andere Seite des Schwarzen Regens wechseln,
haben wir noch einmal ausreichend Gelegenheit, den besonderen Reiz und die Vielfalt dieser Landschaft kennenzulernen: Auf
längeren Abschnitten wandern wir auf einem liebevoll angeleg-
ten Bohlenweg, der erahnen läßt, daß wir bei einem Verlassen
des Pfades in dem sumpfigen Gelände wohl nicht nur nasse Füße
bekommen würden.

Nach der Überquerung des Schwarzen Regens biegen wir nach
links ab und nähern uns nun auf unserem zwischen Stausee und
Bahnlinie gelegenen Weg der Stadt Regen. In den Sommermonaten kann man hier zur Freude vor allem der Kinder Ruderboo-
te ausleihen und auf dem Wasser eine kleine Pause vom anstrengenden Wandern einlegen. Wir folgen einer letzten Flußschleife

und erreichen die ersten Häuser der Stadt. Nach der Eisenbahn-brücke besteht die Möglichkeit, nach links auf einem kleinen Steg über den Schwarzen Regen den direkten Weg zum Bahnhof über die Bundesstraße 11 und die Bahnhofstraße anzusteuern. Vor allem mit Kindern empfehlen wir den zwar etwas längeren, aber wesentlich schöneren Weg entsprechend der Wanderweg-markierung am Fluß entlang bis zur Stadtmitte. Von dort aus ist der Bahnhof in ca. 15 Minuten über die Ludwigsbrücke (ein klei-ner Abstecher zum Kurpark auf der Insel ist lohnenswert!), den Moizerlitzplatz, den Schönauer- und den Bahnhofsweg zu errei-chen.

Die Holztrift am Regen

HÖR MAL!

Als die größeren Städte wie Regensburg oder Passau ständig wuchsen und ihre stadtnahen Waldgebiete schon weitgehend geplündert hatten, mußte das Brenn- und Bauholz aus dem Bayerischen Wald geholt werden. Bereits im 18. Jahrhundert wurde das Holz auf dem Wasserweg, dem Regen, transportiert. Man ließ die einzelnen Holzstücke frei auf dem Wasser oder zu Flössen verbunden schwimmen. Um die Holztrift oder Flößerei im größeren Rahmen durchführen zu können, erfuhr der Regen bereits im 19. Jahrhundert seine erste umfassende Flußregulie-rung. Es wurden Schleusen angelegt, das Flußbett wurde von Steinen freigeräumt und das Ufer durch Bretter und Bohlen gesi-chert.
Wie eine Trift damals ablief, stellt der Trifter Josef Richter aus Cham in einem Bericht aus dem Jahre 1919 anschaulich dar:
Die gefällten Waldriesen wurden im Winter an die Flüsse und Bäche geschafft, wo die Äste abgesägt und die Bäume in unge-fähr drei Meter lange Stücke geschnitten wurden. In riesigen Ber-gen häufte sich das Holz am Ufer der Triftbäche. Im Frühjahr, wenn die Schneeschmelze für die nötigen Wasserstände sorgte, begann die Trift. Ein ohrenbetäubender Lärm herrschte, wenn die Hölzer, man nannte sie „Blöcher", in Schwällen ins Wasser geworfen wurden und die Stapel am Ufer zusammenstürzten. War der Wasserstand zu niedrig und das Holz verkantete sich an den Felsen, mußten die Triftarbeiter auf dem Leinpfad am Bachrand nachhelfen. Wenn der Ruf „D' Schwöll kimmt!" ertön-te, liefen die Männer auf ihre Plätze und stießen die Hölzer mit ihren Eisenhaken, die man „Hong" nannte, in die reißenden Flu-ten. Diese Arbeit erforderte viel Kraft und Geschicklichkeit - und eine gute Gesundheit, denn die Arbeiter mußten die meiste Zeit am und vor allem im kalten Wasser verbringen.

Das Einwerfen der Hölzer und das Heraustriften in den Regen dauerte ungefähr zwei bis drei Wochen. Zuweilen schwammen im Regen auf einer Flußstrecke von ungefähr drei Kilometern Länge 35 000 „Blöcher"! Weiter regenabwärts, in Cham, wurde ein sogenannter „Verhang" angelegt. Dies war ein Verbau aus Flößen und gedrehten Holzbändern, der die ankommenden Hölzer anhielt und sie, wenn sie gezählt waren, wieder stückweise schwimmen ließ. Die Ankunft der Holztrift war in Cham ein Ereignis! Wenn sich das Holz der Stadt näherte, ging es wie ein Lauffeuer durch die Stadt: „Trift kimmt!" - und alles strömte zum Fluß, um sich dieses Schauspiel anzusehen. Wenn der Verhang leer war, kam ein Kahn mit mehreren Männern, der sogenannte „Stoaz", der die hängengebliebenen Hölzer unter den Uferböschungen hervorholte und wieder zum Schwimmen brachte.

Einen ganzen Monat dauerte es im allgemeinen, bis eine Trift die Reise von Zwiesel bis Regensburg zurückgelegt hatte. In Regensburg erinnern noch heute die Straßen Am Holzhof, Holzgartenstraße und Flößerstraße an die damaligen Holzlagerflächen in Steinweg und Reinhausen.

Länge der Wanderung

von Zwiesel nach Regen: ca. 12 km
von Bettmannsäge nach Regen: ca. 8 km

Eignung

Die gesamte Strecke ist nur für wanderfeste Kinder ab 7 - 8 Jahre geeignet; Familien mit kleineren Kindern wird empfohlen, bereits am Haltepunkt Bettmannsäge auszusteigen und von dort aus hinunter zum Flußwanderweg zu laufen. Die Wanderstrecke ist für Buggys, Kinderwägen etc. nicht geeignet.

Erreichbarkeit

Hinfahrt mit der Bahn ab Regensburg Hbf nach Zwiesel, Rückfahrt mit der Bahn ab Regen Bhf (bei Hin- und Rückfahrt Umsteigen in Plattling)
Fahrtdauer: 1,5 - 2,0 Stunden

Fahrpreisbeispiel:
Erwachsene Regensburg - Zwiesel mit BahnCard: 15,50 DM
Bei IC-Verbindungen ist für die Strecke Regensburg - Plattling ein Intercity-Zuschlag (6,00 DM) erforderlich.

Auskünfte: Hauptbahnhof Regensburg, Tel. 09 41/1 94 19

Einkehrmöglichkeiten

Regentalgasthof Bettmannsäge, Tel. 0 99 22/93 63 und
verschiedene Gaststätten in Regen

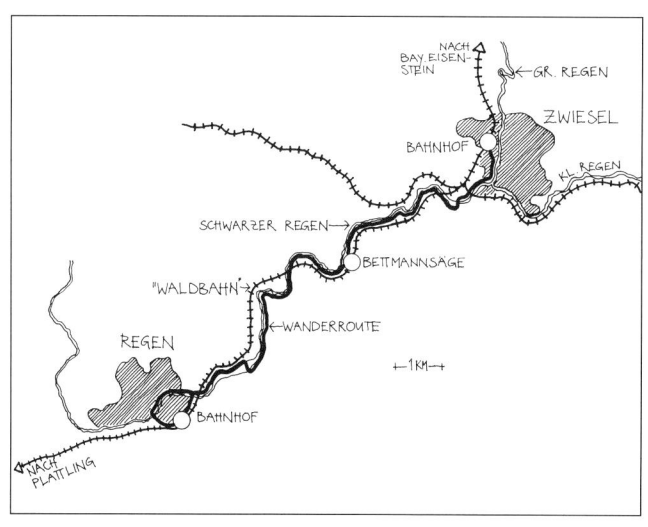

Die geheimnisvollen Bergseen ...

im Böhmerwald bei Železná Ruda

Reisen in fremde Länder sind gerade für Kinder immer etwas Besonderes. Erinnerungen an Urlaubsreisen mit den Eltern werden wach, wo der Moment des Grenzübertritts jedesmal als etwas sehr Spannendes empfunden wurde. Werden sie uns reinlassen? Sind wir jetzt drüben? Die Leute reden hier ja ganz anders! Oder: Hier sieht es ja genauso aus wie bei uns!
Seit der Grenzöffnung im Jahre 1990 ist es möglich geworden, unser lange Zeit in Vergessenheit geratenes Nachbarland ganz spontan und ohne nervenaufreibende Grenzkontrollen zu besuchen. Doch nicht nur die Hauptstadt Prag ist immer eine Reise wert - auch unsere direkte Nachbarregion, der Böhmerwald, bietet eine Fülle von Überraschungen.

Unser Zug hält am *Grenzbahnhof* in Bayerisch-Eisenstein. Leider gibt es noch immer keine durchgehenden Bahnverbindungen, so daß wir zu Fuß über die Grenze nach Böhmen gehen. Unser tschechischer Anschlußzug wartet bereits wenige hundert Meter weiter am gleichen Bahnsteig. Bei den meisten Verbindungen reicht die Umsteigezeit, um noch Fahrkarten für den kurzen tschechischen Teil der Bahnstrecke zu besorgen und etwas Geld umzutauschen.

Ziel unserer Fahrt sind zwei große, von den Gletschern der Eiszeit hinterlassene und sagenumwobene Bergseen in der Nähe von Železná Ruda (Eisenstein), die zu den wunderbarsten Naturerscheinungen des Böhmerwaldes zählen: der Schwarze See (Černé jezero) und der Teufelssee (Čertovo jezero).

Wir steigen in Špičák (Spitzberg) aus. Vor dem Bahnhofsgebäude sind mehrere Wanderwegmarkierungen zu finden. Die rote Markierung führt uns zunächst nach links den Berg und bald durch den Wald hinauf, dann über die Straße nach Nýrsko (Neuern) zum Spitzbergsattel mit seinem großen Parkplatz und einem kleinen Kiosk. Hier können wir bei böhmischem Kaffee, Karlsbader Oblaten oder einer „Teufelswurst" ein wenig verschnaufen und den herrlichen Blick auf die südlich gelegenen Regionen des Böhmerwaldes genießen.

Die Tschechen sagen zum Böhmerwald „Šumava". Dies läßt sich in etwa mit „Rauschen" übersetzen. Wer durch den Böhmerwald wandert, der spürt, wie zutreffend dieser Name ist. Man hört die Wälder rauschen, den Wind, der durch die Zweige streicht, die Blätter rascheln, die Äste knarren und die Bäume ächzen, wenn der Sturm ihre Kronen schüttelt.

Der Hauptgrund dafür, daß der *Böhmerwald* heute wesentlich mehr als seine unmittelbare Nachbarregion, der Bayerische Wald, über seinen naturnahen Charakter verfügt, liegt sicherlich darin, daß er über mehrere Jahrzehnte hinweg eine vergessene und abgesperrte, lediglich dem Militär vorbehaltene Region darstellte. Seit 1990 hat sich dies geändert. Die Grenzen sind offen und die Region soll für den Fremdenverkehr vor allem aus dem westlichen Nachbarland erschlossen werden. Es ist zu hoffen, daß dabei im Nationalpark Böhmerwald so behutsam wie möglich vorgegangen wird.

Wir folgen nun der gelben Markierung, die uns auf einer ebenen asphaltierten Forststraße durch ein herrliches Waldgebiet zum Schwarzen See führt. Auf der rechten Seite ergeben sich immer wieder reizvolle Ausblicke auf das tief unten liegende Tal der Úhlava (Angel). Und dann sind wir nach einem kleinen Anstieg plötzlich da und genießen den Blick auf den glitzernden,

Mit dem Bahnhof in Eisenstein hat es eine ganz besondere Bewandtnis: Er wurde bereits im vergangenen Jahrhundert als gemeinschaftlicher Grenzbahnhof zwischen dem Königreich Bayern und der Monarchie Österreich-Ungarn, zu der das böhmische Eisenstein damals gehörte, konzipiert. Genau in der Mitte des langgestreckten und nahezu symmetrischen Bahnhofsgebäudes verlief die Grenze, auch in den Zeiten des Eisernen Vorhangs.

Über 45 Jahre hinweg befand sich der Bahnhof von beiden Seiten her am Ende der Welt. Die Wiederaufnahme des grenzüberschreitenden Bahnverkehrs von Bayern nach Böhmen im Jahre 1991 hat dem imposanten Gebäude viel von seiner ursprünglichen Bedeutung als völkerverbindendes Element zurückgegeben.

Ein Besuch des Restaurants im bayerischen Teil lohnt sich, da hier die bemerkenswerte Architektur der Jahrhundertwende noch besonders gut ablesbar ist.

Der tschechische Schriftsteller Karel Čapek beschrieb die Böhmerwaldlandschaft in seiner unnachahmlichen Weise: „Wenn Du am Rande dieser traurigen und schönen Wälder dahinwanderst, dann schreitest du immerzu über Rinnsale und feuchte Stellen und zitterndes Moorgras - diese Berge sind voller Wasser, man wird nicht klug daraus, woher das alles fließt. Hinter einer Hügelwelle eine neue Welle, nichts als Wald, schier endloser tiefer Wald; hier scheint alles kein Ende zu nehmen, Berge und Dörfer und Wälder, und auch die Zeit, die endlose rauschende Zeit."

„Grüße mir den Teufelssee, an dessen
ewig melancholischen Gestaden ich
in meiner Jugend so oft geweilt in
träumerischen Gedanken, in Zeiten,
wo der Wald noch ohne Pfad war,
wo das Holz am Boden faulte und
der schrille Schrei eines Raubvogels,
das Hämmern eines einsamen
Spechtes allein die hehre Stille
unterbrach."

K. Klostermann:
Böhmerwaldskizzen

geheimnisvollen See und die steil aufragende Seewand hinter dem gegenüberliegenden Ufer. Eine wunderbare Stille umgibt uns und wird nur kurz durch Fragen aus einer anderen deutschen Reisegruppe unterbrochen, warum es hier keinen Tretbootverleih gibt und ob man hier nicht baden könne. Der Böhmerwalddichter Karel Klostermann hätte sich in diesem Moment bestätigt gesehen; beklagte er doch bereits gegen Ende des letzten Jahrhunderts den touristisch bedingten Wandel im Böhmerwald und den Verlust seiner „erhabenen, heiligen Ruhe".

Der Schwarze See ist der größte und tiefste (40 m!) der acht Gletscherseen im Böhmischen und Bayerischen Wald. Seinen Namen bekam er wegen der scheinbar schwarzen Farbe seines Wassers, die durch die Spiegelung der umgebenden dunklen Wälder entsteht. In Wirklichkeit ist das Wasser des Sees hell und klar bis in große Tiefen und beherbergt seltene Pflanzen und Fischarten.

Die geheimnisvolle und poetische Landschaft des Böhmerwaldes hat die Menschen schon immer zu Sagen und Märchen inspiriert. Vom Schwarzen See wird beispielsweise erzählt, daß eine schöne Nixe sich nach einer unglücklichen Liebe von den Menschen abgewandt und grollend in die Tiefen des Sees zurückgezogen habe.

Nach diesem Naturerlebnis wenden wir uns der roten Markierung zu, die uns zum Teufelssee auf der anderen Seite des Seebergs bringt. Es ist der anstrengendste Abschnitt der Wanderung, denn auf dem steinigen, von Wurzeln durchzogenen Waldpfad müssen schließlich 250 Höhenmeter bewältigt werden! Doch können wir uns hinterher rühmen, eine ganz besondere geographische Linie überschritten zu haben: die europäische Hauptwasserscheide zwischen Nordsee und Schwarzem Meer. Denn der Schwarze See und der Teufelssee, die unweit voneinander an den Hängen des Seeberges liegen, gehören unterschiedlichen Flußgebieten an. Während das Wasser des Schwarzen Sees über den Schwarzen Bach, den Angelbach (Úhlava), die Moldau und die Elbe in die Nordsee fließt, gelangt das Wasser des *Teufelssees* über den Seebach, den Regen und die Donau ins Schwarze Meer. Ganz so beschaulich, wie es Karel Klostermann in seinen Böhmerwaldskizzen beschreibt, geht es heute nicht mehr zu an diesem Bergsee, von dem die Sage erzählt, daß sich einst ein Teufel in ein bildhübsches Böhmerwaldmädel verliebt hatte und es in die Hölle entführen wollte. Das offenbar nicht nur schöne, sondern auch kluge Mädchen durchschaute dies, überwältigte den Teufel und ertränkte ihn im See. „Der arme Teufel, aber der kann sich doch bestimmt wieder herauszaubern …", kommentiert eines der Kinder und schaut erwartungsvoll auf den See.

Nach unserem stimmungsvollen Aufenthalt am Ufer des Teufelssees wenden wir uns nun wieder der gelben Wegmarkierung zu, die uns auf einem schönen Waldpfad und über das Skiabfahrtsgebiet hinunter zum Bahnhof Špičák führt.

Gerade auf diesem Waldpfad unterhalb des Teufelssees, bei dem zahlreiche kleinere Bergbäche und Rinnsale überquert werden müssen, kommen einem wieder Karel Čapeks humorvolle, aber

auch tiefgründige Gedanken zur Landschaft der „Šumava" in den Sinn:

„Zum Schluß verschwindet das, was du für einen Fußweg gehalten hast, auf absolut unerklärliche Art unter deinen Füßen und du stehst bis zu den Knien im Moos, das eigentlich ein liegender Baum ist, du weißt nicht ein noch aus, und plötzlich wird dir bewußt, daß um dich herum, nah und fern, die Wälder und Berge rauschen, ohne Unterlaß ..."

Sprich mal Tschechisch!

Wir geben ja zu: Tschechisch ist eine ganz besonders schwierige Sprache. Welche andere Sprache hat beispielsweise 7 Fälle? Dazu kommen noch die komplizierten Ausspracheregelungen. Beispielsweise lautet das insbesondere für Kinder ja nicht unwichtige Wort „Eis" auf Tschechisch „zmrzlina". An vielen Kiosken kann man das geheimnisvoll klingende Wort „občerstvení" lesen, was nichts anderes als „Erfrischungen" bedeutet. Doch diese Beispiele sollen nicht entmutigen. Auch wenn wirklich in vielen Läden, Gaststätten und Hotels hinter der Grenze Deutsch gesprochen wird, so sollte man dies doch nicht einfach als Selbstverständlichkeit betrachten. Wir ärgern uns vielleicht auch zuweilen, wenn wir bei uns zu Hause von Touristen einfach auf Englisch angesprochen werden. Und so geht es auch vielen Tschechinnen und Tschechen, die sich beispielsweise darüber freuen, wenn man den Laden oder das Restaurant mit einem freundlichen „Dobrý den" („Guten Tag") betritt oder eine Bestellung mit dem Wort „prosím" („bitte") einleitet.

Im folgenden nun ein kleiner, unter Umständen hilfreicher Wortschatz, der bestimmt auch von Kindern gerne ausprobiert wird. Und wenn man sich vielleicht auch nicht traut, die Wörter selbst auszusprechen, so wird wenigstens das Lesen von Hinweisschildern oder der Weg zum richtigen „Örtchen" erleichtert.

Länge der Wanderung

Länge der gesamten Strecke:		ca. 10,5 km
Abschnitte:		
Bahnhof Špičák - Kiosk	ca.	1,5 km
Kiosk - Schwarzer See	ca.	4,0 km
Schwarzer See - Teufelssee	ca.	2,5 km
Teufelssee - Bahnhof Špičák	ca.	2,5 km

Eignung

für wanderfeste Kinder ab 7 - 8 Jahre; der Abschnitt zwischen dem Schwarzen See und dem Teufelssee ist nicht für Buggies, Kinderwägen etc. geeignet.

MACH MAL!

VOKABELN

ja	ano
nein	ne
bitte!	prosím!
danke!	děkuji!
Guten Tag!	Dobrý den!
Guten Abend!	Dobrý večer!
Auf Wiedersehen!	na schledanou!
prost!	na tdraví!
Bahnhof	nádraží
links	vlevo
rechts	vpravo
verboten!	zakázáno!
Achtung!	pozor!
Eingang	vchod
Ausgang	východ
WC, für Männer	muži
WC, für Frauen	ženy
Hilfe!	pomoc!

INFORMATIONEN

Erreichbarkeit

Hin- und Rückfahrt mit der Bahn nach bzw. von Špičák (Umsteigen in Plattling und Bayerisch Eisenstein)
Fahrtdauer: ca. 3,0 Stunden

Fahrpreisbeispiele:
Erwachsene Regensburg - Bayerisch Eisenstein mit BahnCard: 17,50 DM

Auskünfte: Hauptbahnhof Regensburg, Tel. 09 41/1 94 19

Allgemeine Hinweise

Es empfiehlt sich Proviant mitzunehmen, da nur wenige Gasthäuser bzw. Hotels vorhanden sind.
Bitte Personalausweise und Kinderausweise mitnehmen!
Geldwechseln ist nicht unbedingt erforderlich, da in den Gasthäusern und an den Kiosken auch mit DM bezahlt werden kann.

Einkehrmöglichkeiten

Hotel Rixi, an der Straße nach Nýrsko (Neuern)

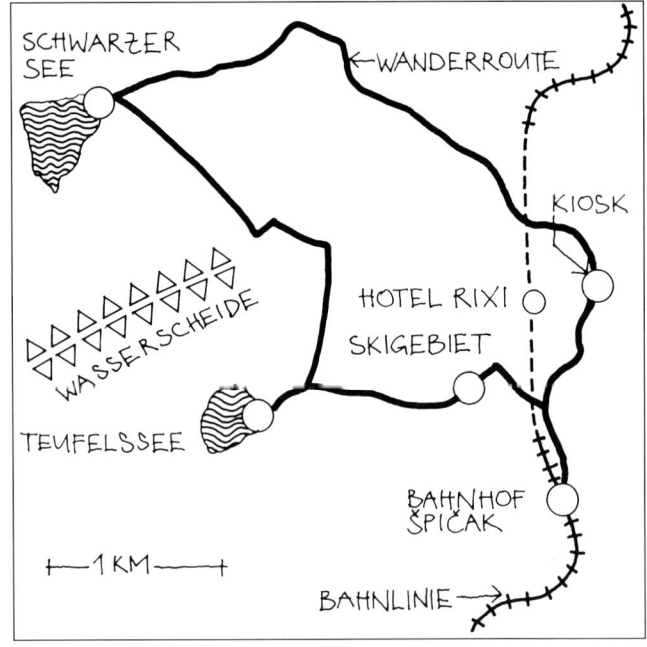

Auf der Suche nach den Anfängen ...

im Jura-Museum in Eichstätt

Auf unserer Wanderung gerieten wir in einen verbissenen Kampf mit den Elementen, der uns eher an das Ende als an den Anfang allen Lebens denken ließ. Wir starteten zu unserer lange geplanten Gruppenfahrt nach Eichstätt, obwohl die Wettervorhersage nichts Gutes verheißen hatte. Einige Sonnenstrahlen auf dem Weg zum Bahnhof bestärkten uns in unserem Vorhaben, doch bereits während der Bahnfahrt nach Ingolstadt beschlich uns angesichts der immer dunkler und drohender werdenden Wolkengebilde das Gefühl, am Morgen eine Fehlentscheidung getroffen zu haben. Es wurde ein Ausflug, von dem wir noch lange reden sollten und der eins zur Gewißheit werden ließ: Wir müssen bald wieder nach Eichstätt fahren, um einen repräsentativen Eindruck von dieser Stadt und ihrer reizvollen Umgebung zu bekommen.

Hoch über den Dächern der Stadt hatten vom 14. bis zum 18. Jahrhundert die geistlichen Landesherren auf der Willibaldsburg ihren Sitz und konnten ihren Blick weit über Stadt und Umgebung schweifen lassen. Heute beherbergt die mächtige und von weither sichtbare Burganlage zwei bedeutende Museen: das Ur- und Frühgeschichtliche sowie das Juramuseum.

Es regnet leicht, als wir in Wasserzell, dem ersten kleinen Ort an der Stichstrecke zwischen Bahnhof und Stadt Eichstätt, aussteigen. Hätte man vielleicht doch bis zur Stadt weiterfahren sollen, um ein Schlechtwetter-Museums- und Kirchenprogramm durchzuführen?! Aber nein, wir trotzen den widrigen Umständen und begeben uns auf die Wanderschaft über den Höhenzug des Frauenberges zur vielgepriesenen *Willibaldsburg.*

Vom Haltepunkt Wasserzell aus folgen wir nach rechts der Bahnhof- und dann der Eichstätter Straße, bis wir etwas rückläufig die Bahn überqueren und uns auf einem Feldweg dem Aufstieg zur Jurahöhe nähern. An einem umzäunten Ferienhaus entscheiden wir uns für die leicht umwegige Strecke nach rechts durch einen bewaldeten Hohlweg hinauf zur Frauenbergkapelle. Das Blätterdach der großen Bäume schützt uns zwar weitgehend vor dem inzwischen stärker gewordenen Regen, aber der steile, felsige und glitschige Weg läßt uns trotz eher winterlicher Temperaturen bald ins Schwitzen kommen, zumal Buggy und Kind getrennt geschultert transportiert werden müssen.
Irgendwann haben wir die 60 - 70 m Höhenunterschied bewältigt und kommen erleichtert am Ende des Hohlweges an. Wir verfrachten das Kleinkind wieder in sein Gefährt und biegen hoffnungsvoll nach links auf den baumbestandenen asphaltierten Weg ein. Doch von nun an peitschen uns auf der freien Jura-Hochebene, für deren grandiose Landschaft wir nur wenig Sinn haben, Wind und Regen erbarmungslos entgegen. Jetzt sind Krisenfestigkeit und Durchhalte-Parolen gefragt. „Heute kann es regnen, stürmen oder schneien, denn wir strahlen ja selber wie der Sonnenschein ...", tönt es immer wieder aus den Mündern der nicht zu erschütternden Kinder und Erwachsenen, die sich Mühe geben, die Moral hochzuhalten. Gestört wird der Gesang nur vom Geheule der Kleinsten, die sich im Buggy unter der vom Sturm aufgeblasenen Regenplane ängstigt und wieder getragen werden möchte.
Endlich tauchen die Konturen der Willibaldsburg vor uns auf. Wir biegen nach links ab und erreichen durch die lange Tordurchfahrt den Burgbereich. Völlig durchnäßt und vom Winde verweht fallen wir in die Burgschänke ein, wo wir erst einmal unsere Kinder umkleiden, die nassen Kleidungsstücke auf den Heizkörpern ausbreiten und Luft schöpfen. Wir ernten mitleidsvolle, aber vor allem verständnislose Blicke von den anwesenden Gästen: „Bei diesem Wetter mit Kindern draußen unterwegs!?"
Nach geraumer Zeit sind wir ausgeruht, getrocknet und gesättigt bereit, das kulturelle Umfeld des Gasthauses zu erkunden.

Unser Weg führt uns zunächst über den Hof ins Museum für Ur- und Frühgeschichte. Hier wird auf sehr anschauliche Weise die Entwicklungsgeschichte des Raumes Eichstätt vom Auftreten der ersten Menschen bis zum Frühmittelalter dokumentiert. Die Kinder sind vor allem von den riesigen im Raum schwebenden eiszeitlichen Tierskeletten eines Mammuts, einer Höhlenhyäne und eines Rentiers fasziniert. Die Jüngsten interessieren sich mehr für die spätmerowingische Grabanlage und sind nur mit Mühe daran zu hindern, über das Geländer in die Vitrine hineinzuklettern.

Trotz des schaurigen Wetters wagen wir es, einen der beiden Türme der Burg zu besteigen. Der Rundblick über das Altmühltal und die umgebende Landschaft ist überwältigend. Ein Blick nach Westen läßt eine allmähliche Wetterbesserung erahnen.

Im Eingangsraum des Juramuseums ziehen uns zwei riesige Erdkugeln in ihren Bann. Sie zeigen die Verteilung von Wasser und Land sowie die Lage der Kontinente gegen Ende der Jura-Zeit und heute. Geographiebeflissene Kinder stellen sogleich fest, daß beispielsweise Italien damals noch gar nicht an die europäische Landmasse angewachsen war und das Mittelmeer fließend in den Indischen Ozean überging.

Das Museum gibt einen guten Einblick in die Paläontologie, die Lehre von den Tieren und Pflanzen der Vorzeit. In Ablagerungen vergangener Erdzeitalter haben sich Lebewesen als Fossilien (Versteinerungen) erhalten.

Die ausgestellten Gesteine und Fossilien dokumentieren die erdgeschichtliche Entwicklung Nordbayerns. Besonderes Interesse

Stenophlebice amphitrite

Cyclerion propinquus

erweckt der Schädel eines Zwerghirsches, der in einer Karstspalte gefunden wurde. Ein geologisches Reliefmodell des Nördlinger Rieses demonstriert die Urgewalt des Himmelskörpers, der vor ca. 15 Millionen Jahren dort einschlug.

Auch aktuelle Umweltschutzthemen werden angesprochen: Mit Ton-Bild-Schau und einem Bewegungsmodell wird die Gefährdung des Grundwassers im Karst der Frankenalb veranschaulicht; in einem großen Aquarium kann man sehen, welche Fische sich heute in der Altmühl tummeln.

Ein weiteres Reliefmodell zeigt die Landschaft, wie sie vor 140 Millionen Jahren zur Zeit der Entstehung der sogenannten Solnhofener Plattenkalke aussah. In diesen Kalkschichten wurden zahlreiche Versteinerungen der damals lebenden Tierarten gefunden. Und damit kommen wir zum kostbarsten Ausstellungsstück: Im Juramuseum kann ein vollständiges Exemplar des Urvogels *Archaeopteryx*, des ältesten bisher bekannten versteinerten Vogels, bewundert werden, von dem es weltweit nur 6 Exemplare gibt!

In den großen subtropischen Wäldern des Jura lebte auch der erste Vogel „Archaeopteryx", von dem man vermutet, er könne ein Nachfahre des 30 cm großen Hohlknochendinosauriers Compsognathus gewesen sein. Da er sowohl mit Zähnen eines Dinosauriers als auch mit vogelähnlichen Krallen und Federn ausgestattet war, gilt er als Beispiel für den Übergang vom Reptil zum Vogel. Das schönste Exemplar des Urvogels wurde 1877 im Steinbruch Harthof in Eichstätt geborgen.

Randvoll mit Informationen über die Anfänge allen Lebens wenden wir uns nun dem heutigen Eichstätt zu. Über die Burgstraße, am Bahnhof vorbei und über die Spitalbrücke erreichen wir die Altstadt der schönen Bischofsstadt. Bei einem kleinen Rundgang über den Markt- und den Residenzplatz gilt unser Interesse jedoch weniger den stattlichen Bürgerhäusern und repräsentativen Barockfassaden - der Sinn steht uns eher nach einer leiblichen Stärkung. Die Zeit bis zur Abfahrt unseres Zuges genießen wir bei Kaffee und Kuchen.

Die Tatsache, daß seit unserer Abfahrt aus Eichstätt die Wolken-
decke immer mehr aufbricht und die frühsommerlich wärmenden Sonnenstrahlen unser Zugabteil durchdringen, wird von uns
eher als Ironie des Schicksals angesehen. Wie schön wäre es jetzt
wohl oben auf dem Frauenberg ...!

Wie wird ein Fossil ausgegraben?

Im Jahre 1911 entdeckte ein kleines Mädchen in den Klippen
Südenglands das erste Skelett eines Ichthyosauriers. Bei dem
Gedanken daran, wie damals die Knochen mit Hacken und Spa-
ten ausgegraben wurden, raufen sich noch heute die Paläontologen die Haare. Inzwischen geht man mit äußerster Vorsicht ans
Werk, damit nur keine Einzelheiten eines wertvollen Fossils ver-
loren gehen. Gearbeitet wird hierbei mit den modernsten Geräten: vom Bulldozer bis zum kleinsten Zahnarztbohrer kommt
alles zum Einsatz.
Grabungen werden lange und sorgfältig vorbereitet. Vor dem
ersten „Spatenstich" wird untersucht, ob es in der betreffenden
Gesteinsschicht überhaupt vorweltliche Tiere geben kann und,
wenn ja, welche. Wenn mit der Grabung begonnen wird, schau-
feln die Paläontologen nicht einfach drauflos; in unvorstellbarer
Kleinarbeit wird jedes Stück Erde auf seinen Inhalt hin untersucht. So manches scheinbar gewöhnliche Felsstück offenbart
sich selbst dem Fachmann erst auf den zweiten Blick als Fossil.
Eine gefundene Versteinerung wird zunächst fotografiert, in Karten aufgenommen und erst dann freigelegt. Dann werden die
Fundstücke vorsichtig von anhaftenden Steinstücken befreit. Vor
dem Transport ins Labor wird vom freigelegten Fossil ein Abguß
angefertigt. Falls es bei den anschließenden Prozeduren zerbre-
chen sollte, ist so wenigstens die Form der Versteinerung erhalten.
Anschließend wird das Fossil in einer Werkstatt für die Aufstellung in einem Museum hergerichtet. Abgeplatzte Splitter werden
wieder angefügt, Knochen zusammengesetzt und das Skelett in
seiner - vermutlich - naturgetreuen Haltung aufgebaut.

Übrigens: Am nordwestlichen Stadtrand von Eichstätt befindet
sich in Harthof ein Steinbruch für Hobby-Fossiliensammler sowie
das Museum Berger mit einer großen Auswahl an gefundenen
Originalfossilien. Bei einem längeren Aufenthalt in Eichstätt
sollte man die kleine Wanderung auf den Blumenberg nicht
scheuen.

HÖR MAL!

INFORMATIONEN

Länge der Wanderung

Haltepunkt Wasserzell - Willibaldsburg: ca. 4,0 km
Willibaldsburg - Altstadt Eichstätt: ca. 1,5 km

Öffnungszeiten

Museum in der Willibaldsburg
(Tel. 0 84 21/29 56):
1. 4. - 30. 9. 9.00 Uhr - 12.00 Uhr
und 13.00 Uhr - 17.00 Uhr
1. 10. - 31. 3. 10.00 Uhr - 12.00
Uhr und 13.00 Uhr - 16.00 Uhr
täglich außer montags
Multivisionsschau:
10.00 Uhr und 15.00 Uhr
Führungen möglich (Verkehrsamt,
Tel. 0 84 21/79 77)

Eignung

Die Wanderung von Wasserzell zur Willibaldsburg und der Besuch der
Museen ist auch für Familien mit kleineren Kindern interessant; allerdings
ist der Hohlweg hinauf zum Frauenberg nicht mit Buggys, Kinderwägen
etc. zu befahren.

Erreichbarkeit

Hinfahrt mit der Bahn von Regensburg Hbf nach Wasserzell (Umsteigen
in Ingolstadt und Eichstätt Bahnhof). Fahrtdauer: ca. 75 Minuten

Rückfahrt mit der Bahn von Bhf Eichstätt/Stadt (Umsteigen in Eichstätt
Bahnhof und Ingolstadt). Fahrtdauer: ca. 90 Minuten

Fahrpreisbeispiel: Erwachsene Regensburg - Eichstätt/Stadt mit Bahn-
Card: 13,50 DM.

Auskünfte: Hauptbahnhof Regensburg, Tel. 09 41/1 94 19

Einkehrmöglichkeiten

Burgschänke der Willibaldsburg
verschiedene Gaststätten in der Innenstadt

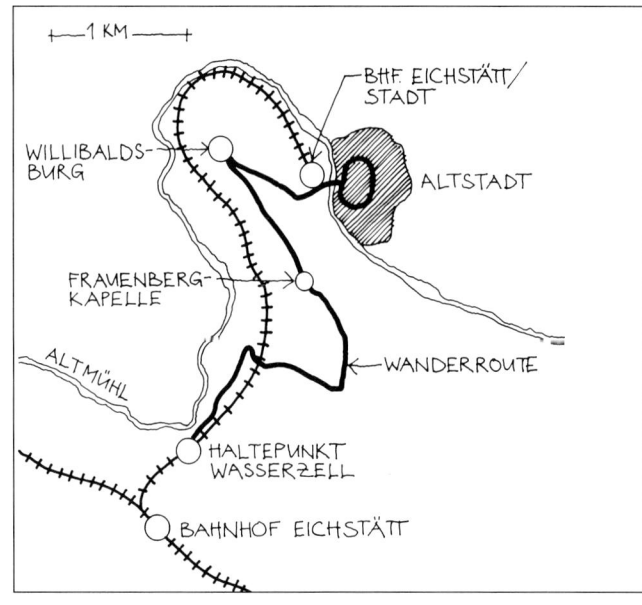

Gemeinsam in die Ferne schweifen ...

Wochenend im Altmühltal

„Nun spiel schön, kleiner Spatz, für dich sind wir extra ausgeflogen!" „Mit einem Kind würde ich lieber spielen." „Hier ist nun mal keins. Schau, wie schön du von Ast zu Ast hüpfen kannst, du darfst ein Stück auf meinem Rücken fliegen, Papa zeigt dir, wie man nach einem Regenwurm pickt, und später fliegen wir alle um die Wette!" „Ich könnte aber besser mit einem Vogelkind spielen." „Dir kann man es nie recht machen!"

„Nun spiel schön mit deinem Bruder, kleine Maus!" „Ich könnte aber besser mit einer anderen kleinen Maus spielen." „Aber ihr zwei habt immer soviel Spaß dabei, Haselnüsse zu verstecken, neue Gänge zu graben und zu raufen." „Mein Bruder ist aber zu klein, und ich sehe ihn jeden Tag. Uns ist so langweilig, wir möchten mal etwas tun, was wir noch nie gemacht haben ... mit einem anderen Kind würden wir viel lieber spielen ... Schau mal, ein kleiner Spatz!!" „Schau mal, zwei kleine Mäuse!!" „Was machst du da, kleiner Spatz?" „Ich hüpfe von Ast zu Ast." „Wir könnten dir zeigen, wie du Haselnüsse verstecken kannst." „Und ich zeige euch, wie man Regenwürmer pickt!" „Komm mit, kleiner Bruder, jetzt machen wir drei ganz viel zusammen!"

Entstanden ist das Schulerloch vor
ungefähr 1,5 Millionen Jahren.
Damals floß die Altmühldonau, die
Wegbereiterin der heutigen Altmühl,
55 m über ihrem heutigen Flußbett
durch die Furchen und Risse im Kalk-
gestein. Diese wurden im Laufe der
Zeit mehr und mehr ausgespült, bis
in Jahrtausenden immer größere
Gänge und Dome entstanden.
Als der Wasserspiegel sank, wurden
die Höhlen trocken.
Nun boten sie den Neandertalern
und ihren Nachfolgern eine natürliche Zufluchtsstätte. Die Bewohner
des Schulerloches hinterließen zahlreiche Knochen von Küchenabfällen.
So weiß man heute, daß Mammut,
Wollnashorn, Bison, Rentier, Stein-
bock, Hirsch, Höhlenbär und -hyäne,
aber auch Höhlenlöwe und Wolf
entweder Jagdbeute des Menschen
wurden oder selbst in der Höhle
hausten.

Klein und klein gesellt sich gern ... nicht nur für einen Tagesaus-
flug! Gemeinsam ins Bett gehen, beim Duschen und Zähneput-
zen noch rumalbern, von Zimmer zu Zimmer geistern, zusammen frühstücken und drei lange Tage in vollen Zügen das Zusam-
mensein genießen, ist für die Kinder ein kleines Abenteuer. Für
die Eltern wird es ein ganz besonderer Kurzurlaub, denn die Kinder sind miteinander so zufrieden, daß wahre Erholung auf-
kommt. Um Regensburg herum gibt es zahlreiche Möglichkeiten
für solche Kurzurlaube; wir haben uns für das Altmühltal entschieden, weil wir viel sehen und viel radeln wollten.
Vom Regensburger Bahnhof fahren wir bis Saal. Durch Saal und
Kelheim-Affecking radeln wir circa 5 km auf wenig befahrenen
Ortsstraßen, separaten Radwegen und Radfahrstreifen an Haupt-
straßen, bis wir am eigentlichen Radweg entlang der Altmühl
bzw. dem Main-Donau-Kanal ankommen. Der Weg über die
Regensburger Straße und die Europabrücke gestaltet sich auch
für die selbstradelnden 5 – 6jährigen Kinder als unproblematisch.
Nach dem Überqueren der Donau und des Kanals sind wir dann
endlich an dem Gewässer, das uns an den kommenden Tagen
ständig begleiten wird; der Blick auf die Altstadtsilhouette von
Kelheim und die Befreiungshalle auf dem Michelsberg ist beeindruckend. Der Weg am Kanal ist zwischendurch für den Radver-
kehr gesperrt, was alle Kelheimer Radlerinnen und Radler zu
ignorieren scheinen. Doch wer sich völlig „legal" verhalten
möchte, dem wird die Route über die schwach befahrenen
Straßen „Am Grabfeld / Franz-Pfaffenberger-Straße / Friedhofs-
straße / Am Oberen Zweck" empfohlen.
In Gronsdorf befinden wir uns endgültig auf dem „Altmühl-
Radweg".

Auf unserem halbschattigen Weg befinden wir uns nun schon auf
dem direkten Weg zur Tropfsteinhöhle Schulerloch. Wir zweigen
nach wenigen Kilometern nach rechts ab, überqueren die Staatsstraße nach Riedenburg und gelangen zu einem Parkplatz unterhalb der Höhle, wo wir unsere Räder abstellen. Unter schattigen
Bäumen verschnaufen wir erst einmal und bereiten uns auf die
bevorstehende kleine Wanderung vor. Es empfiehlt sich, warme
Kleidung für den Besuch der Tropfsteinhöhle einzupacken, denn
der Temperaturunterschied zur Höhle - dort ist es konstant
9 Grad kalt - ist an Sommertagen enorm.
Der etwa 20minütige Weg in Serpentinen hinauf durch herrlichen Mischwald bringt uns ins Schwitzen, und als wir oben die
Tropfsteinhöhle betreten, haben wir das Gefühl, in einen Eis-
schrank hineinzulaufen.

Bei der Besichtigung der Höhle offenbart sich eine Märchenwelt. Von den Stalaktiten an der Decke funkeln unzählige Wassertropfen, die Tropfsteine bilden Fabelwesen und in den bizarren Formen lassen sich Tiere und Landschaften erkennen. Nach dem Abstieg vom Schulerloch erreichen wir auf einem Weg nördlich der Staatsstraße bereits nach weniger als zwei Kilometern Altessing. Unweit der Kirche finden wir den ersehnten schattigen Biergarten, in dem wir es uns bei kühlen Getränken und einer Brotzeit erst einmal gutgehen lassen!

Nach dieser erquickenden Pause erreichen wir wieder den Radweg an der Nordseite des Kanals. Schon bald ist hoch oben am Berg die imposante Burgruine Randeck zu sehen. Ein idyllisches Altwasser, hinter dem das mittelalterliche Ortsbild von Essing kurz zu sehen ist, läßt erahnen, wieviel von dem einmaligen landschaftlichen Reiz dieses Flußtales mit dem Bau des *Kanals* unwiderruflich verlorengegangen ist.

Wir unterqueren die längste Holzhängebrücke Europas und befinden uns nun auch schon auf unserer letzten Etappe am heutigen Tag, auf dem Weg nach Prunn. Die mächtige Burg Prunn auf dem bizarren Felsen ist schon lange vorher zu sehen.

Aufs neue wird uns bewußt, wie wir beim Radfahren die unmittelbare Umgebung mit wirklich allen Sinnen erleben. Wir nehmen den Geruch der Felder und der Blumen am Wegrand auf, hören das Zwitschern der Vögel und das Summen der Insekten und fühlen uns als Bestandteil dieser Landschaft.

Die Geschwindigkeit, mit der wir uns fortbewegen, ist langsam genug, um den Burgen und Schlössern, die häufig schon weit vorher zu sehen sind, allmählich näher zu kommen. So bleibt uns Zeit für Phantasie, für Neugierde und Vorfreude.

Gleichzeitig sind wir überrascht, wie schnell wir vorankommen. Als wir Prunn erreichen, haben wir etwa 25 km hinter uns gebracht, und alle Sorgen, unsere Kinder könnten dadurch überfordert werden, waren unbegründet. Sie wirken frischer als mancher Erwachsene, als wir unsere Quartiere in Prunn beziehen.

Prunn ist ein kleiner Ortsteil von Riedenburg mit malerischen Winkeln und einigen für die Region typischen alten Gebäuden. Aufgrund der kurzen Wege sowohl nach Essing als auch nach Riedenburg eignet sich der Erholungsort hervorragend als Ausgangspunkt für Wochenendtouren im Unteren Altmühltal.

Am nächsten Tag brechen wir gleich nach dem Frühstück auf, um rechtzeitig zur 11.00-Uhr-Flugvorführung in der Falknerei Rosenburg in Riedenburg zu sein. Auf dem Radweg entlang des Kanals haben wir die hoch über Riedenburg thronende Burg stets im Blick. Vor der Stadt überqueren wir auf einer Brücke den Kanal

Die ökologischen Auswirkungen des Kanalbaus im Talraum der Altmühl waren tiefgreifend - das Landschaftsbild und der Naturhaushalt der Region wurden einschneidend verändert. Die ursprünglich in Mäandern fließende Altmühl mit ihren Altwässern und angrenzenden Feuchtwiesen wurde zu einem betonierten, 55 m breiten Stillwasserkanal, der keine Überschwemmungen mehr verursacht. Die früheren Wiesen wurden in Äcker umgewandelt. Der Kanalbau und die folgenden landwirtschaftlichen Entwässerungen ließen 90 Prozent der Feuchtwiesen und bis zu 60 Prozent der Altwässer verschwinden.

Der Bayerische Landesjagdfalkenhof pflegt seit 1978 die Tradition der Falknerei, wie sie als Jagdart in früheren Jahrhunderten von der Rosenburg aus in den umliegenden Ländereien praktiziert wurde.

(hier befindet sich auch das Kristallmuseum) und nähern uns durch Grünflächen dem Stadtkern. Am Marktplatz stellen wir die Räder ab. Über romantische Treppenwege durch herrlichen Laubwald erreichen wir nach etwa 20 Minuten den Eingang zur Burg.

Größte Attraktion sind sicherlich die *Flugvorführungen* der Greifvögel. Im wahrsten Sinne des Wortes hautnah erlebt man, wie die Falken, Milane und Adler in simulierten Jagdflügen ihre Beute schlagen und haarscharf über die Köpfe des Publikums hinweg zur Landung ansetzen. Ein atemberaubendes Schauspiel ist es, die Greife in Freiheit zu beobachten. Mit Interesse verfolgen wir die Ausführungen des Flugleiters über die Lebensgewohnheiten der Tiere und die Zuchterfolge.

Bei einem anschließenden Rundgang durch den Burghof bietet sich die Möglichkeit, die Raubvögel in ihren Volieren genau zu betrachten. Im Südostflügel der Rosenburg, einem Erweiterungsbau aus der Renaissance, gibt das Naturkunde- und Falknereimuseum mit seinen zahlreichen Exponaten einen weiteren Einblick in die Vogel- und Greifvogelkunde sowie in die Falknerei. In einigen Räumen befindet sich das Burgmuseum der Stadt.

Nach dem Abstieg von der Rosenburg finden wir bei einem kleinen Rundgang durch den Stadtkern von Riedenburg einen lauschigen Biergarten, wo wir uns nach so vielen Eindrücken erst einmal stärken. Ein Teil der Gruppe erkundet anschließend das Schambachtal. Das angestrebte Ziel „Hexenagger", wegen seiner Vorführungen in der Hammermühle bei Touristen sehr beliebt, ist schon in Sicht; die beiden Familien bleiben allerdings an einem Spielplatz hängen. Hier fließt die Schambach so verführerisch erreichbar an der Wiese entlang, daß es nicht lange dauert, bis ein erfrischendes Badefest beginnt.

Nachdem wir auf der Hinfahrt den Reiz von Essing nur erahnen konnten, beschließen wir, zum Abendessen dorthin zu radeln. Auch die sonst selbstradelnden Kinder dürfen an diesem Abend in den Kinderanhängern mitfahren - zu zweit in der Kutsche sitzen ist natürlich ein besonderes Vergnügen und die Eltern werden lauthals zur Schnelligkeit angetrieben.

Wir nehmen den kürzesten, leicht hügeligen Weg nach Essing. Die alte Hauptstraße, die teilweise dicht an den aufsteigenden Felswänden verläuft, führt uns direkt in den gut erhaltenen Ortskern von Essing, dessen Bild von der Burgruine Randeck gekrönt wird.

Nach dem üppigen Abendessen tut das Heimradeln gut. Wir überqueren auf einer alten Holzbrücke ein Altwasser, genießen die schöne Flußansicht des Ortes vor dem Hintergrund der steilen Felswände und erreichen den Radweg am Kanal, auf dem wir auch am Tag zuvor gefahren sind. Es ist ein lauer Sommerabend und die Abendstimmung am Wasser erhält noch eine ganz besondere Note, als von einem Ausflugsdampfer her die Dixieland-Klänge einer kleinen Jazz-Band ertönen.

Am nächsten Morgen heißt es bereits von Prunn Abschied nehmen.

Burg Prunn

Die Anfänge der Burg liegen im 11. Jahrhundert. Aus dieser Zeit stammen der Bergfried und die Grundmauern. Im Laufe der Geschichte gab es eine rege Bautätigkeit bis ins 17. Jahrhundert, die sich reizvoll in der Vielfalt der architektonischen Motive niederschlägt. Die Herren von Prunn führten ein höfisches Leben. Man kann dies heute noch an den Fresken der ehemaligen Wachstube des Palas ablesen. Sie widmeten sich der Pflege des Minnesanges und der Dichtung, wie durch den Fund einer Handschrift des Nibelungenliedes aus dem 14. Jahrhundert belegt wird. Sie waren auch wegen ihrer Tapferkeit berühmt und geehrt.

Es dauert seine Zeit, bis die Kinder in den Anhängern und das Gepäck in den Rucksäcken und Fahrradtaschen verstaut sind - aber dann geht es auf zum Schloß Prunn! Am Gasthaus „Zum Schloß" in Nußhausen können wir die Räder und die Anhänger abstellen; die freundlichen Wirtsleute erlauben uns, die wertvolleren Gepäckstücke im Gasthaus aufzubewahren.

Der idyllische Fußweg durch schattigen Laubwald hinauf zum *Schloß Prunn* ist gut ausgeschildert und dauert etwa 20 Minuten. Auf schroffem Fels über der Altmühl thronend, stellt die Festung den Idealtypus einer Ritterburg dar - wehrhaft und uneinnehmbar. Dieser Eindruck wird bestätigt, wenn man die ehemalige Schlagbrücke über den 20 m breiten und 9 m tiefen Halsgraben betritt.

Heute beherbergen die mächtigen Mauern ein Museum. Anschaulich sind Lebensstil und -gefühl von einst dargestellt. Eine interessante und kurzweilige Führung durch Kemenate, Trinkstube, Schwur- und Gerichtszimmer, Schloßkapelle, Rokokozim-

mer, Schreibkabinett, Wachstube mit Brustharnisch, Helm und Hellebarden und natürlich durch Folterkammer und Kerker vermittelt einen Einblick in die Kargheit und Strenge des Alltagslebens, aber auch in das kulturelle Leben auf der Burg. Nach dem Abstieg stärken wir uns im Gasthaus für die bevorstehende Fahrt nach Saal.

Wir überqueren noch bei Nußhausen den Kanal, um bis Kelheim auf dem schattigeren und ruhigeren Weg an der Südseite zu fahren. In der Nähe der Klausenhöhle nutzen wir eine Wiese am Wegrand für ein kleines Picknick. Am Wehr in Gronsdorf wechseln wir die Kanalseite wieder, um dann auf dem bekannten Weg zum Bahnhof Saal zu radeln. Bis zur Abfahrt des Zuges verbleibt noch ausreichend Zeit, um in einer bahnhofsnahen Gaststätte unseren Wochenendausflug gemütlich ausklingen zu lassen.

INFORMATIONEN

Länge der Radltour in Abschnitten

Bahnhof Saal/Donau - Kelheim - Schulerloch	ca. 10,0 km
Schulerloch - Prunn	ca. 15,0 km
Prunn - Riedenburg	ca. 4,0 km
Prunn - Essing	ca. 5,5 km

Eignung

Auch für selbstradelnde Vorschulkinder sind die einzelnen Etappen bei entsprechenden Pausen gut zu schaffen. Bis auf einzelne Brückenauffahrten enthält die gesamte Strecke keine Steigungen.

Erreichbarkeit

Hin- und Rückfahrt mit der Bahn ab Regensburg Hbf nach bzw. von Bhf Saal/Donau
Fahrtdauer: ca. 20 Minuten

In den Sommermonaten besteht ggfs. die Möglichkeit, eine Strecke Regensburg - Kelheim mit dem Schiff zurückzulegen (Gebrüder Klinger, Tel. 09 41/5 53 59 oder 5 21 04).

Fahrpreisbeispiele:
Erwachsene Regensburg - Saal mit BahnCard: 3,40 DM
Fahrradtransport: 5,40 DM (ab 6 Personen bitte Voranmeldung am Hbf. Regensburg, Tel. 09 41/50 03 30)

Auskünfte:
Hauptbahnhof Regensburg, Tel. 09 41/1 94 19 und 1 15 32

Öffnungszeiten

Tropfsteinhöhle Schulerloch, Tel. 0 94 41/32 77, Führungen zwischen Ostern und Ende Oktober, in der Regel 10.00 bis 16.00 Uhr, Gruppen nach Vereinbarung;

Falkenhof, Burg Rosenburg, Tel. 0 94 42/27 52, Öffnungszeiten: von März bis November, täglich von 9.00 bis 17.00 Uhr, Montag nur von 12.00 bis 17.00 Uhr; Flugvorführungen: täglich um 11.00 und 15.00 Uhr, Montag nur 15.00 Uhr;

Burg Prunn, Tel. 0 94 42/33 23, Führungen vom 1. April bis 30. September täglich von 9.00 bis 12.00 Uhr und 13.00 bis 16.30 Uhr, vom 1. Oktober bis 31. März täglich von 10.00 bis 12.00 und 13.00 bis 15.30 Uhr, außer montags.

Übernachtungsmöglichkeiten/Allgemeine Hinweise

Campingplatz Kastlhof (zwischen Essing und Prunn), Tel. 0 94 47/6 98

Prospekt für Übernachtungsmöglichkeiten im Altmühltal bei den Fremdenverkehrsämtern erhältlich:
Fremdenverkehrsamt Stadt Kelheim, Tel. 0 94 41/70 12 34
Fremdenverkehrsverband Ostbayern, Tel. 09 41/56 02 60

Einkehrmöglichkeiten

Gasthof Ehrl, Altessing, Tel. 0 94 47/2 44
Gasthof Schneider, Essing, Tel. 0 94 47/91 80-0
Gasthaus „Zum Schloß", Nußhausen, Tel. 0 94 42/12 23
Gasthaus „Zur Krone", Prunn, Tel. 0 94 42/15 07
und andere Gasthäuser in Riedenburg und Kelheim

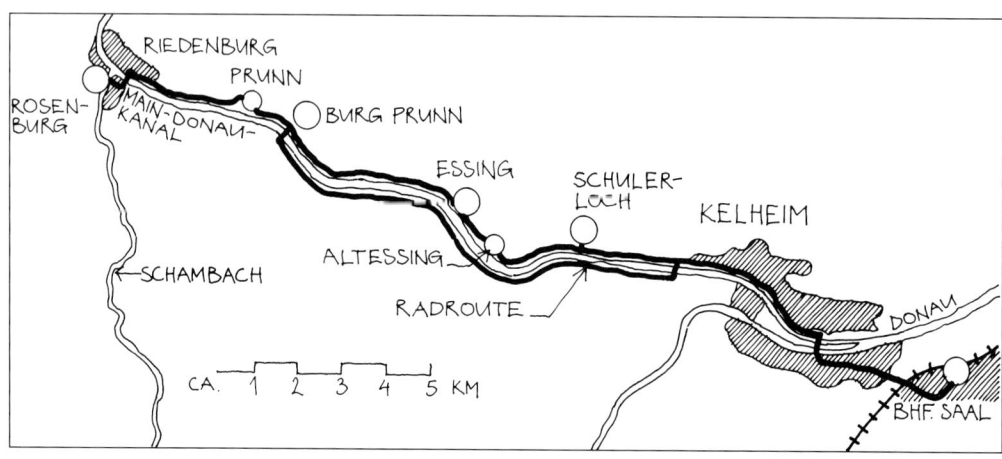

Praktische Tips

Die folgenden Tips und Hinweise sind auf das Tourenangebot dieses Buches zugeschnitten und erheben nicht den Anspruch einer umfassenden Darstellung der angesprochenen Punkte.

Mit dem Bus, mit dem Bus, geht es schneller als zu Fuß ...

Grundsätzlich wird empfohlen, sich im RVV-Kundenzentrum in der Hemauerstr. 1 (Öffnungszeiten: Montag - Freitag 8.00 bis 18.00 Uhr, Tel. 09 41/7 97 56 75) einen Verbundfahrplan des Regensburger Verkehrsverbundes (RVV) zu besorgen (2,00 DM), der neben den Tarifzonenplänen und Fahrplänen für die einzelnen Linien auch die allgemeinen Beförderungsbedingungen, die Tarife und die Vorverkaufsstellen im Stadtgebiet und den benachbarten Landkreisen enthält. Jeweils im Mai erfolgt die Herausgabe eines neuen Verbundfahrplanes.

Die wichtigsten RVV-Angebote

Einzelticket (nur Busverkauf)
- für die verschiedenen Zonen
- die teuerste Form des Busfahrens und deshalb nicht zu empfehlen!

12-Streifenticket
- im Busverkauf: 12,50 DM
- im Vorverkauf: 10,00 DM
- bei Fahrtantritt zu entwerten
- übertragbar

Tagestickets (Bus- und Vorverkauf)
- Tagesticket für 1 Person (Mo – Fr):
  Zone 1 – 2:   6,00 DM
  Zone 1 – 4:   10,00 DM
  Zone 1 – 6:   15,00 DM

- Familientagesticket (Sa oder So)
  für 2 Personen + eigene Kinder bis zum 15. Geburtstag:

  Zone 1 – 3:   4,00 DM
  Zone 1 – 6:   6,00 DM

Wochen- und Monatsticket (nur im Vorverkauf)

Das Ticket berechtigt in der/dem aufgedruckten Kalenderwoche/monat 1 Person zu beliebig vielen Fahrten innerhalb der angegebenen Tarifzonen. Beide Tickets sind übertragbar. Montag bis Freitag ab 19.00 Uhr sowie an Samstagen, Sonn- und Feiertagen können 1 weitere Person sowie eigene Kinder bis zum 15. Geburtstag kostenlos mitfahren.

Preisbeispiel Wochenkarte Zone 1   20,00 DM
Preisbeispiel Monatskarte Zone 1   59,00 DM

Monatsticket im Jahresabonnement

Das besondere Angebot liegt darin, daß Fahrgäste, die sich zur Abnahme von 12 Monatstickets in Folge verpflichten und dem Einzug der Fahrpreise im Lastschriftverfahren zustimmen, nur $9^1/_2$ Monatstickets zahlen müssen.

Ökoticket (Monatskarte)

Das Ökoticket berechtigt 1 Person zu beliebig vielen Fahrten innerhalb der angegebenen Tarifzonen. Kinder können bis zum 15. Geburtstag kostenlos mitfahren. Das Ticket ist übertragbar. Es gilt Montag - Freitag in den Zonen 1 – 2 erst ab 9.30 Uhr, in den Zonen 1 – 6 ab 9.00 Uhr, Samstag, Sonn- und Feiertag ganztägig.

Zone 1 – 2:   33,00 DM
Zone 1 – 5:   38,00 DM
Zone 1 – 6:   48,00 DM

Allgemeine Hinweise

Wußten Sie schon, daß Sie im Regensburger Verkehrsverbund (RVV) mit einer Buskarte auch Bahn fahren können? Die folgenden fünf Bahnstreckenabschnitte sind in das RVV-Netz integriert:

- Regensburg – Batzhausen (Richtung Nürnberg)
- Regensburg – Regenstauf (Richtung Hof)
- Regensburg – Sünching (Richtung Passau)
- Regensburg – Eggmühl (Richtung München)
- Regensburg – Bad Abbach (Richtung Ingolstadt)

Es ist also zu beachten, daß die RVV-Angebote (z. B. Tagesticket und Streifenticket) auch für Fahrten auf den o. g. Bahnstrecken gelten und man bei kombinierten Bus-/Bahnfahrten nur einen Fahrausweis benötigt.

Hier nun ein Beispiel für die daraus resultierende günstige Fahrpreisgestaltung:

Fahrt von Regensburg-Schwabelweis nach Beratzhausen
(Linie 5 zum Hbf und dann mit der Bahn nach Beratzhausen):

Der Tarifzonenplan des RVV-Verbundfahrplanheftes zeigt, daß für die Fahrt durch 5 Zonen mit einem (im Vorverkauf für 10,00 DM erworbenen) Streifenticket 6 Streifen zu lösen sind; es ergibt sich also für einen Erwachsenen ein einfacher Fahrpreis von 5,00 DM. Der beim Busfahrer erworbene Einzelfahrschein für 5 Zonen würde 6,60 DM kosten! Verhängnisvoll wäre es gar, in Schwabelweis beim Busfahrer einen Einzelfahrschein zum Bahnhof für 2,50 DM und am Bahnhof zusätzlich eine Fahrkarte nach Beratzhausen für 6,80 DM zu lösen. Dann käme dieselbe Fahrt sogar auf 9,30 DM!
Wie das Beispiel zeigt, beruhen die Klagen über zu hohe Fahrpreise häufig darauf, daß keine Informationen über die Tarife eingeholt werden.

● Kinder bis zum 6. Geburtstag werden im RVV kostenlos befördert. Für Kinder ab dem 6. und bis zum 15. Geburtstag gelten ermäßigte Tarife.
● Fahrräder werden in Bussen grundsätzlich nicht befördert. Soweit die Beförderung von Fahrrädern in Bussen vom Busfahrer ausnahmsweise zugelassen wird, gelten Kindertarife.
● Die meisten Regionalbuslinien wurden inzwischen in den RVV integriert. Dies bedeutet, daß die Busse an allen Haltestellen im Stadtgebiet halten. Bei einer Fahrt nach Teublitz (bis Hagenau RVV-Linie 41) beispielsweise kann auch an der Haltestelle Weichs eingestiegen werden.

Fahrn, fahrn, fahrn mit der Eisenbahn ...

BahnCard

„Halber Preis fürs ganze Volk" lautet ein Slogan der Deutschen Bahn AG (DB). Gemeint ist die BahnCard, gegen deren Vorlage Fahrscheine zum halben Preis ausgegeben werden. Die Bahn-Card gilt 1 Jahr und kann mit Gültigkeit von jedem Tag an aus-gestellt werden. Die ermäßigten Fahrscheine können für Fahrten auf dem gesamten Schienennetz der DB sowie auf den Linien der Regionalbusgesellschaften (in unserem Raum: RBO) genutzt werden.

Preisbeispiele (2. Klasse)

BahnCard für Familien
(für gemeinsames Reisen von Familien, auch Elternteilen,
mit mindestens 1 Kind unter 18 Jahren):   110,00 DM
BahnCard (Alter: 23 – 59 Jahre):   220,00 DM

Zusatzkarte für Ehepartner: 110,00 DM

BahnCard für Kinder (Alter: 4 – 11 Jahre),
50%-Ermäßigung auf den Kindertarif: 50,00 DM

BahnCard für Teens (Alter: 12 – 17 Jahre):   50,00 DM

Für Junioren (Schüler und Studenten) und Senioren existieren weitere Angebote.

Die BahnCard wird auf den Namen des Inhabers ausgestellt und ist nicht übertragbar.

Tarife für Kinder

Kinder unter 4 Jahren werden frei befördert. Kinder von 4 bis einschließlich 11 Jahren zahlen die Hälfte des Fahrpreises.

Sonstige Angebote

Mitfahrer-Fahrpreis

Bei gemeinsamen Reisen von $1^1/_2$ bis $5^1/_2$ Teilnehmern wird ab der 2. Person eine Ermäßigung von 50% gewährt, wenn der Fahr-preis für die vollzahlende Person mindestens 50,00 DM beträgt.

Wochenendticket „Schönes Wochenende"

Das Wochenendticket gilt als Versuchsangebot vorläufig bis zum 31. Dezember 1995 jeweils von Samstag 0.00 Uhr bis Sonntag 24.00 Uhr in allen Eilzügen, Regional-Schnellbahnen und Nah-verkehrszügen ohne Entfernungsbegrenzung.
Preise: bis zu   5 Personen   15,– DM
          bis zu 50 Personen 120,– DM

Reisegruppen

Für Reisegruppen ab 6 Teilnehmer werden besondere Ermäßigungen je nach Reisezeit, Reisezug und Gruppengröße gewährt. Zwei Kinder (4 – 11 Jahre) zählen als ein Teilnehmer.

Radeln mit der Bahn

In Zügen, die in den Fahrplänen mit einem Fahrrad-Symbol gekennzeichnet sind, werden im Rahmen des verfügbaren Laderaumes im Gepäckwagen Fahrräder befördert. Für die Fahrräder ist eine Fahrradkarte (5,40 DM) zu lösen; die Räder sind selbst ein- und auszuladen. Fahrräder dürfen auch, wenn genügend Platz vorhanden ist, in die Einstiegsräume der Nahverkehrszüge und Eilzüge mitgenommen werden. Ausgenommen sind besonders gekennzeichnete Züge.

Gruppen ab 6 Personen müssen vorangemeldet werden (in Regensburg Tel. 09 41/50 03 30, Montag bis Freitag bis 16.00 Uhr). Für Gruppen ist in der Regel nur in den mit einem Fahrrad-Symbol gekennzeichneten Zügen ausreichend Platz vorhanden.

Sonstiges

Ausleihen von Fahrradanhängern

Gerade bei längeren Radtouren sind Fahrradanhänger eine echte Alternative zum Kindersitz. Wer seinem Kind einmal probeweise diesen Komfort bieten möchte, kann beispielsweise beim Fahr-RadLaden in Regensburg, Furtmayrstraße 12, (Telefon 09 41/ 7 00 03 65) zum Preis von 10,00 DM/Tag einen Kinderanhänger ausleihen. Das besondere Angebot: Auch ein dreirädriges Lastenfahrrad mit Kindersitz kann ausgeliehen werden!

Empfehlenswerte Karten

Für die im Buch enthaltenen Wander- und Radtouren wird folgendes Kartenmaterial empfohlen:

- Topographische Karten im M. 1:25 000 (TK 25) und M. 1:50 000 (TK 50) des Bayerischen Landesvermessungsamtes; hierbei ist anzumerken, daß die Karten teilweise recht veraltet sind;
- Fritsch-Wanderkarte, Mittlerer Bayerischer Wald/Böhmerwald, M. 1:50 000
- Fritsch Freizeitkarte, Stadt und Landkreis Regensburg, M. 1:50 000
- Kompaß-Wanderkarte Mittleres Altmühltal, M. 1:50 000
- Kompaß-Wanderkarte Unteres Altmühltal, M. 1:50 000

Verwendete und weiterführende Literatur

In Regensburg

Der Flügelflagel gaustert ...
Bund Jugend (Hrsg.): Tips zur Saison, Umwelt mit Kindern erleben, Heft 1/1988, Schwerpunktthema: Leben in der Nacht, Bonn 3/1988, S. 3, S. 11

Mit Volldampf voraus ...
Niewerth, H. / Renz, P.: Käpt'n Henri kennt sich aus, Museumspädagogisches Informationsblatt, Altes Schiffshebewerk Herichenburg, Westfälisches Industriemuseum, Dortmund 1992, S. 8

Spaghettibaum und Plätscherquelle ...
Bresinsky, A.: Führer durch den Botanischen Garten und die Außenanlagen der Universität Regensburg, Mittelbayerische Druck- und Verlags-Gesellschaft, Regensburg 1990
LBV Landesverband für Vogelschutz (Hrsg.): Natürlich lernen, Schwerpunktthema: Farben in der Natur, Hilpoltstein, S. 17
Ardley, N.: Mein erstes Buch vom Wachsen, Tesslof Verlag, Nürnberg 1991, S. 17 ff.

Himmelskörper und Teleskope ...
Spielen und Lernen: Schülerseiten, Sterne, Sonnen und Planeten, Velber Verlag, Seelze 12/1988, S. 13, S. 15, S. 18

Lustwandeln am Wasser ...
Adler, G.: Vom Stadtmäuschen zum blauen Esel, Eine Entdeckungsreise für Familien mit Kindern durch die Regensburger Stadt- und Kirchengeschichte, Hrsg.: Diözesanstelle für Kath. Erwachsenenbildung im Bistum Regensburg, Erhardi Druck, Regensburg 1989, S. 28 f.
Bauer, K.: Regensburg, Mittelbayerische Druck- und Verlags-Gesellschaft , 4. Aufl., Regensburg 1988, S. 184 f.

Wo die Puppen tanzen ...
Krause / Bayer: Marionetten, Entwerfen, gestalten, führen, Falkenverlag, Niedernhausen 1981
Storm, T.: Pole Popenspäler, Neuer Jugendschriftenverlag, o. J., S. 13

Friggadorn und Wodansbart ...
Eisenreich, W. und D. (Gesamtbearbeitung): BLV Tier- und Pflanzenführer für unterwegs, BLV Verlagsgesellschaft, 7. Aufl., München Wien Zürich 1989
Görz, H.: Die Natur heilt, Südwest Verlag, München 1985
Lucht, I. / Spangenberg, C.: Die grüne Uhr, Das Jahr der Blumen, Sträucher und Bäume, Verlag Heinrich Ellermann
Reuys, E. / Viehoff, H.: Freizeit mit Kindern gestalten, Don Bosco Verlag, 1. Aufl., München 1992, S. 74
Sonnleitner, Dr. A. Th.: Die Höhlenkinder im heimlichen Grund, Kosmos, Franckh'sche Verlagshandlung, Stuttgart 1931, S. 7 f., S. 16

Komm, ich zeig Dir Deine Stadt ...
Bauer, K.: Regensburg, Mittelbayerische Druck- und Verlags-Gesellschaft , 4. Aufl., Regensburg 1988, S. 117, S. 254
Reuys, E. / Viehoff, H.: Freizeit mit Kindern gestalten, Don Bosco Verlag, 1. Aufl., München 1992, S. 34 f.

Otto der III. und die Hüterinnen der Unterwelt ...
Brednich, R. W.: Die Spinne in der Yuccapalme, Sagenhafte Geschichten von heute, Verlag Ch. Beck, München 1990

Um Regensburg

Zwei muntere Gesellen ...
Cornell, J.: Mit Kindern die Natur erleben, Verlag an der Ruhr, Mülheim an der Ruhr 1991
Forster: Beschreibung von Etterzhausen, in: Verhandlungen des Historischen Vereins der Oberpfalz, Band I, Jahrgang 1831, S. 177 - 204
Gemeinde Sulzbach: Festschrift, 1200 Jahre Sulzbach a. d. Donau, 1977
Neumeyer, H.: Ostwärts von Regensburg, Ein Wanderbuch, Verlag Friedrich Pustet, Regensburg 1977
Umweltbundesamt (Hrsg.): Spaß am Umweltschutz, Der Sockentest, Bonn 1988, S. 32
Wasserwirtschaftsamt in Bayern (Hrsg.): Flüsse, Bäche, Auen pflegen und gestalten, München 1991

Alle Vögel sind schon da ...

Landesbund für Vogelschutz (Hrsg.): Natürlich lernen, Kleine Vogelkunde, Hilpoltstein, S. 7 ff.

Kein Meister ist je vom Himmel gefallen ...

Der Burgpfeifer: Sonderausgabe 1986, Heimat- und Verkehrsverein Donaustauf, Donaustauf 1986
Peterich, E.: Kleine Mythologie, Die Götter und Helden der Germanen, o. J., S. 138

Das Abenteuer lockt ...

Gernard / Michels: Sir Conrad, Heinrich Ellermann Verlag, München 1984
Glunk / Halbe: Auf der Ritterburg, Arena Verlag, Würzburg

Der Berg ruft schon die Jüngsten ...

Bauer, K.: Regensburg, Mittelbayerische Druck- und Verlags-Gesellschaft, 4. Aufl., Regensburg 1988, S. 559

Es weizt die weiße Frau ...

Angerer, Dr. B. u. a.: Burg Zeitung, Hrsg.: Mittelbayerische Zeitung, Regensburg 1989, S. 14
Vahle, F.: Ritter Klipp von Klapperbach, Aktive Musik Verlagsgesellschaft, Dortmund 1992
Rump, H.-U.: Ritterliches Leben auf der Burg Wolfsegg, Hrsg.: Landesstelle für die Betreuung der Nichtstaatlichen Museen in Bayern beim Bayer. Landesamt für Denkmalpflege und Kuratorium Burg Wolfsegg e. V., Regensburg 1990

Sich regen am Regen ...

Zeitler, W.: Der Regen, Portrait eines Bayerwaldflusses, Verlag Morsak, 2. Aufl., Grafenau 1982

Auf den Rücken der Pferde ...

Ewald, K.: Der Zweifüßler, Das Märchen vom Menschen, Kosmos, Franckh'sche Verlagshandlung, Stuttgart 1953, S. 42 ff.

Faulturm oder Pulverturm ...

Mitgutsch, Ali: Ritterbuch, Ravensburger Buchverlag, Otto Maier, 1990

Fährfrau hol über ...

Bauer, K.: Regensburg, Mittelbayerische Druck- und Verlags-Gesellschaft , 4. Aufl., Regensburg 1988, S. 738
Grimm, Gebr.: Kinder- und Hausmärchen, Der Teufel mit den drei goldenen Haaren, Verlag Neues Leben, Berlin 1985, S. 146
Reuys, E. / Viehoff, H.: Freizeit mit Kindern gestalten, Das Luftballonboot, Don Bosco Verlag, München 1992, S. 122

Und um Regensburg herum

Eine echte Sauerei ...

Hartill, R.: Ich entdecke die Natur, Tiere in Feld und Wald, C. Bertelsmann Verlag, 1978, S. 22 f.
Streblow, L.: Geister in der Nacht, Nationalpark Bayerischer Wald, Herold Verlag, Stuttgart 1979, S. 99 ff.
Zuckowski R.: Nackidei, Musik für Dich, Rolf Zuckowski, Hamburg

Einst fuhr ein Bockerl ...

Heigl, P.: Das Falkensteiner Bockerl, Mittelbayerische Druck- und Verlags-Gesellschaft, Regensburg 1993
Wolf, W.: Fahrrad und Radfahrer, Die bibliophilen Taschenbücher, Nr. 106, Harenberg Kommunikation, Dortmund 1979

Die einsamen Mühlen ...

Eisenreich, W. und D. (Gesamtbearbeitung): BLV Tier- und Pflanzenführer für unterwegs, BLV Verlagsgesellschaft, 7. Aufl., München 1991
Hannover, H.: Der vergeßliche Cowboy und andere Mitmach-Geschichten, Rowohlt Taschenbuch Verlag, Reinbek bei Hamburg 1980
Roth, E.: Tierleben für jung und alt, Carl Hanser Verlag, München 1973, S. 310

Das Leben der einfachen Leute ...

Kôci, M. / Breuss, E.: Schwarzack, Bilderbuchstudio, Verlag Neugebauer Press, Salzburg München
Neugebauer, M. / Prüll, H. / Rump, H.-U.: Museumsführer für Kinder von Kindern, Hrsg.: Landesstelle für die Betreuung der Nichtstaatlichen Museen in Bayern beim Bayer. Landesamt für Denkmalpflege, Verlag Schnell & Steiner, 2. Aufl., München Zürich 1991
Neuser, K. / Rump, H.-U.: Mit Grundschülern im Oberpfälzer Freilandmuseum Neusath-Perschen, Hrsg.: Landesstelle für die Betreuung der Nichtstaatlichen Museen in Bayern beim Bayer. Landesamt für Denkmalpflege, Erhardi Druck, Regensburg 1990
Reidel, M.: Anna und die Weiherhexe, Sellier Verlag
Siegert, T.: Naturpark Oberpfälzer Wald, Gebiet Naab Schwarzach - und Pfreimdtal / Ostbayern, Fremdenverkehrsgemeinschaft im Naturpark Oberpfälzer Wald

Mit der Waldbahn ins Wandervergnügen ...

Hartill, R.: Ich entdecke die Natur, Tiere in Wald und Feld, C. Bertelsmann Verlag, 1978, S. 14
Zeitler, W.: Der Regen, Portrait eines Bayerwaldflusses, Verlag Morsak 2. Aufl., Grafenau 1982, S. 120

Die geheimnisvollen Bergseen ...

Becher, P. / Ettl, H. (Hrsg.): Böhmen - Blick über die Grenze, Reise-Lesebuch, Edition Lichtung, 1. Aufl., Viechtach 1991

Doležal, J. und I. / Mohyla, O.: Im Böhmerwald, VEB F. A. Brockhaus Verlag, Leipzig 1986, S. 12, S. 47

Klostermann, K.: Böhmerwaldskizzen, Rütten und Loening, Berlin 1987, S. 8

Kučera / Jungwirth: Železnorudsko, 1991

Rebstöck, R., Dr. (Hrsg.): Markt Eisenstein, Reiseführer, Susiče 1991

Šumava / Böhmerwald, Gebietsführer für Wanderer, historische Ansichtskarten, Kletr Plzen 1991

Auf der Suche nach den Anfängen ...

Jura Museum (Hrsg.): Eichstätt Willibaldsburg, Jura Museum, Bischöfliches Seminar, Eichstätt

Verkehrsamt der Stadt Eichstätt (Hrsg.): Eichstätt – Lebensgefühl und südliches Flair

Was ist was: Fossilien, Zeugen der Urwelt, Tesslof Verlag, Nürnberg 1982, Band 69

Gemeinsam in die Ferne schweifen ...

Broschüre: Tropfsteinhöhle Schulerloch

Fischer, M. F. / Schmid, E. D.: Burg Prunn, Bayer. Verwaltung der staatlichen Schlösser, Gärten und Seen, München

Keller, W. E.: Naturpark Altmühltal, Tips für Urlauber und Ausflügler, Verlag Walter E. Koller, Treuchtlingen 1990

Schmid, E. D.: Burg Rosenburg, Bayer. Verwaltung der staatlichen Schlösser, Gärten und Seen, München

Zuppke, U.: Gefiederte Jäger, Rudolf Arnold Verlag, Leipzig 1990

Praktische Tips ...

Renz / Polster: Radfahren mit Kindern, Vom Fahrradkauf bis zur Tourenplanung, Rowohlt Taschenbuch Verlag, Hamburg 1994

Abbildungsnachweis

Harenberg Verlag (Hrsg.): Wolf, W.: Fahrrad und Radfahrer, bibliophile Reihe Nr. 106, S. 152

Kunstdenkmäler-Inventar, Stadtamhof 1914, S. 42, Abb.: 27, S. 109

Kunstdenkmäler-Inventar, Stadtamhof 121, Abb.: 85, S. 83

Naturschutzbund Deutschland, Landesbund für Vogelschutz in Bayern, aus: Kleine Vogelkunde, S. 72, 73

Naturschutzbund Deutschland, Landesverband Niedersachsen, aus Themenheft: Farben in der Natur, S. 156

Neugebauer, M. / Prüll, H. / Rump, H.-U.: Museumsführer für Kinder von Kindern, Hrsg.: Landesstelle für die Betreuung der Nichtstaatlichen Museen in Bayern beim Bayer. Landesamt für Denkmalpflege, Verlag Schnell & Steiner, 2. Aufl., München Zürich 1991, S. 24, S. 162

Niewerth, H. / Renz, P.: Käpt'n Henri kennt sich aus, Museumspädagogisches Informationsblatt, Altes Schiffshebewerk Herichenburg, Westfälisches Industriemuseum, Dortmund 1992, S. 8, S. 17

Reuys, E. / Viehoff, H.: Freizeit mit Kindern gestalten, „Das Luftballonboot", Zeichnungen von Viehoff, H., Don Bosco Verlag, München 1992, S. 122, S. 114

Schinner Elisabeth, S. 145

Schnabl, Arthur, Cartoons, S. 109 und Umschlag

Seywald, Monika, S. 158, 185 und Karten

Umweltbundesamt, Berlin, S. 68

Velber Verlag (Hrsg.): Spielen und Lernen, Heft 12/1988, S. 26

Wienbreyer, Joachim, S. 63, 150

Wienbreyer, Renate, S. 10, 12, 22, 29, 52, 63, 112, 169

Fotonachweis

Balling, Hans W., Eichstätt, S. 130, 189, 190

Bauer, Judy, Regensburg, S. 12, 13, 16, 17, 18, 22, 23, 32, 34, 35, 37, 38, 47, 48, 55, 57, 58, 59, 62, 71, 75, 77, 78, 81, 83, 84, 97, 101, 103, 106, 107, 113, 115, 116, 117, 118, 120, 121, 122, 123, 124, 125, 126, 127, 128, 131, 136, 138, 141, 154, 157, 170, 196, 197, 198 und Umschlag

Hanke, Stefan, Sinzing, S. 39 und Umschlag

Hošek, Vladislav, Vimperk, S. 132, 184

Murr, Günter, Regensburg, S. 129, 182

Schinner, Elisabeth, Regensburg, S. 43, 44, 87, 93, 161, 163, 164, 166

Seywald, Monika, Regensburg, S. 99, 178

Seywald, Peter, Regensburg, S. 67, 69, 175, 176

Sternwarte Regensburg, S. 26, 27, 28, 29, 30

Reptilien-Zoo, Burgweinting, S. 51, 53, 119 u. Umschlag

Wienbreyer, Renate, Regensburg, S. 11, 38, 71, 121, 128, 133, 134, 135, 136, 144, 150, 171, 204